基礎から学ぶ
手話学

Kazuyuki Kanda
神田和幸 ◆ 編著

原 大介
谷 千春
植村英晴
長嶋祐二
木村 勉

福村出版

Ⓡ〈日本複写権センター委託出版物〉

本書を無断で複写複製（コピー）することは、著作権法上の例外を除き、禁じられています。本書をコピーされる場合は、事前に日本複写権センター（JRRC）の許諾を受けてください。

JRRC〈http://www.jrrc.or.jp　eメール：info@jrrc.or.jp　電話：03-3401-2382〉

まえがき

　本書は1996年初版の『基礎からの手話学』の改訂版である。手話の入門書は当時以前も以降も数多く出版されているが，手話学を一般向けに解説した書物はいまだ出されていない。それから10年以上経ち手話学も進歩した。また前書では触れることのできなかった分野もある。そして前書の読者からも知りたいことへの要望があった。本書はそうした要望に一部しか答えられなかったが，説明はわかりやすく解説してくださるよう執筆者にお願いしたので，読者のお役に立てると思う。

　本書は手話学習者，手話講師，手話通訳者そして何より聴覚障害者の方々に読んでいただきたい。自らの言語について知らなかったことが多くあるだろう。

　手話は使用者の拡大と変遷が大きく変化した言語である。明治以前は家庭内でしか使用されないホームサインの時代である。明治以降にろう学校ができスクールサインができた。そして1963年の手話通訳制度以降，通訳の手話が発生し，いわゆるピジン手話（日本語対応手話）が広がっていった。聴者の手話が世間に広がるにつれ，またその反動として，ろう文化運動が起こり，ろう手話（日本手話）への関心も高まった。いま，手話の存在を知らない人はいなくなり，ワープロの漢字変換でも出てくる。一方で手話は世界共通ではないのかとか，聴覚障害者はみんな手話が出来るなど，手話への誤解も広がっている。しかし，手話そのものの普及はそれほど進んでいない。おそらくは手話学習＝手話通訳養成と思っている人が多いせいではないか。純粋に語学的興味でもよいし，ろう文化への関心でもよい。知的好奇心でかまわないから，手話を学習してほしいと願う。

　過去，何年かおきにいわゆる「手話ブーム」がやってきた。本書の出版時期である2009年は世界的経済不況もあってか，「手話低迷期」である。各地の手話講座受講者も減少しており，手話学習への関心が薄れている。しかし，一方では手話ソングやベビーサイン，シニアサインなど，手話のバラエティは増えてきた。手話ブームはどうやらテレビドラマの影響が強いらしいが，こうした

「浮動層」の増減に関係なく，一定の手話学習者はいるらしい。そうした「固定層」が手話の発展と普及を支えてきたといえる。

　手話の「先進国」である北欧やアメリカの過去を見ると，手話の発展にはいくつかの局面がある。潜伏期（ろう社会だけの隠れた存在），黎明期（手話が世間の目に触れるようになる），変化期（音声言語と接触し新たな手話ができる），発展期（社会に認知され普及する），拡大期（手話のいろいろな変種ができる），収縮期（純粋化を目指す），安定期（変種の棲み分けができる）が想定される。日本手話は現在，拡大期から収縮期に向かっていると考えられる。アメリカとの差は30年と考えられ，この「言語進化の歴史的必然」という視点に立てば現在の手話バラエティの多様化は正鵠を射ている。一方で，ろう運動家からは日本手話の純粋化，古手話の復刻などの主張がさらに強くなると予想される。しかし一方で手話の純粋化運動は一般学習者の減少にもつながる。その理由は本書を読んでいただければ理解できよう。現在の学習者減少は不況とは関連が薄く，手話発展上の時期の問題だと考えている。日本手話の純粋化が終わり，他の変種との異同が明確化すれば，「棲み分け」が可能になり，それぞれの変種の安定期が来ると予想される。それがどういう状態かは2000年前後の欧米の手話状況をみればわかる。欧米が外国への研究支援をし始めたように，日本も近隣諸国への支援ができるようになる。日本はまだ「受け売りの時代」から脱しておらず，国内問題に終始しているのも「歴史的必然」であろう。

　本書では内容の改訂とともに第6章を追加した。批判もあることは想定している。しかし，知られていない事実を白日のもとに晒し，客観的な判断を読者にしていただくことも科学的論文の使命であると考えて，あえて掲載した部分もある。無論，その箇所は筆者の責任であり，他の執筆者の責任ではないことを明記しておく。

　本書の出版には福村出版編集部のご尽力に負うところが大きい。前著の編集に携わっていただき，改訂版にも格別の愛着をもって編集作業に従事してくださった。末尾ながら深く感謝する次第である。

2009年5月

編者　神田和幸

目　次

まえがき

第1章　手話学の基礎 …………………………………… 9

1　手話とはどういうことばか　9
　1.1　手話に対する認識　9
　1.2　手話ということば　10
　1.3　聴覚障害と話しことば　13
　1.4　手話をことばとして認める　16

2　聴覚障害とは何か ………………………………… 17
　2.1　聴覚障害者　18
　2.2　聴覚障害者の特徴　20
　2.3　障害を受けた子どもと親の心理　25
　2.4　障害者の定義　26

3　手話の成立と歴史 ………………………………… 28
　3.1　単語の比較　28
　3.2　手話の語源　30
　3.3　日本手話の成立　30

4　手話の種類 ………………………………………… 32
　4.1　日本手話の歴史　33
　4.2　ピジン手話と手話付口話　34
　4.3　日本語対応手話　38

5　世界の手話 ………………………………………… 44
　5.1　手話記号の恣意性と有契性　45
　5.2　アメリカ手話と手話の系統　49

5.3　国際手話と共通手話　52

第2章　手話のしくみ …………………………………………… 57
　1　音韻論……………………………………………………… 58
　　　1.1　手話表記法　59
　　　1.2　日本手話の音韻表記法　63
　2　手話音韻規則…………………………………………… 67
　　　2.1　音韻制約（音素配列制約）　67
　　　2.2　音韻変化　71
　　　2.3　非手指信号　72
　　　2.4　手話の音節　74
　　　2.5　手話音韻論　75
　　　2.6　手話の音韻記述例　76
　3　手話の語形成と文法…………………………………… 77
　　　3.1　手話形態素　77
　　　3.2　類辞（CL）　81
　　　3.3　語形成と語形変化　85
　4．統語論…………………………………………………… 89
　　　4.1　語順　90
　　　4.2　NMS文法標識　90
　　　4.3　複文構造　93

第3章　手話学習 ………………………………………………… 96
　1　手話教育………………………………………………… 96
　　　1.1　ナチュラル・アプローチとダイレクト・メソッド　97
　　　1.2　手話教師養成　100
　　　1.3　手話教科書　102
　　　1.4　手話教育カリキュラム　103
　2　手話検定……………………………………………………106
　　　2.1　手話学習者の増加と手話通訳者の誕生　106
　　　2.2　手話検定の実際　110

2.3　手話検定の課題　115
　　　2.4　全国手話検定　116

第4章　手話通訳 ……………………………………………… 117

1　手話通訳士 …………………………………………………… 117
　　　1.1　手話通訳施策の展開　117
　　　1.2　手話通訳士制度の成立　118
　　　1.3　手話通訳士制度成立の意義　124
　　　1.4　手話通訳士試験の実施　125
　　　1.5　手話通訳士制度の影響　127

2　手話通訳の実際 ……………………………………………… 129
　　　2.1　手話通訳の歴史　129
　　　2.2　手話通訳の現状と課題　131
　　　2.3　場面別の手話通訳　134
　　　2.4　手話通訳者のあり方　144

第5章　手話と聴覚障害者支援 ……………………………… 146

1　手話工学 ……………………………………………………… 146
　　　1.1　コミュニケーションとは　146
　　　1.2　手話工学　147

2　支援機器 ……………………………………………………… 158
　　　2.1　情報保障支援　158
　　　2.2　コミュニケーション支援　164
　　　2.3　言語獲得支援　171
　　　2.4　汎用技術　172
　　　2.5　今後の期待　173

第6章　ろう文化 ……………………………………………… 177

1　聴覚障害者人口，ろう人口と手話人口 …………………… 177
2　聴覚障害者の社会環境 ……………………………………… 179
3　ろう文化とは何か …………………………………………… 180

索引

第1章　手話学の基礎

1　手話とはどういうことばか

「手話はろう者の言語である」。これが手話学を理解するうえでの基本理念である。このこと自体はごくあたりまえのことだが，実際に手話とのかかわりが増えていくにつれ，つい忘れてしまったり，懐疑的になったりすることがある。しかし，さらに経験を積むようになると，このことの重みを実感するようになる。「初心忘れるべからず」という諺があるが，まさにこれが手話学の初心である。しかし，「ろう者だけのことば」とはいえない。前著『基礎からの手話学』以降，ろう民族主義とでもいうべき，ろう文化の過剰強調の時期があり，いわゆる日本手話だけが手話であるかのような運動やキャンペーンがあり，俗にいう日本語対応手話や聴者の手話は手話でないとか本物ではないかのように喧伝されてきた。ろう運動，ろう思想としてはそれでよいかもしれないが，科学としての手話研究の立場は言語に優劣をつけず，ことばとしてのしくみの研究をすることにある。本書は手話の言語研究の成果を公開し，手話を学ぶ人々への知識を供給したい。

1.1　手話に対する認識

手話について多くの誤解がある。たとえば，「手話は世界共通」だとか「手話はことば（音声言語）を手で表現したもの」などである。これらの誤解の原因は手話と身振りやジェスチャーとの違いが理解できていないこと，ことばとは音声言語のことだと思っていることである。

手話が世界共通だと思っている人は，実際にそうだという事実を確認したわけではなく，むしろ，そうあってほしいという希望を述べていることが多い。

世界の紛争や民族同士のいざこざなどは互いの理解不足が原因だから、世界の人々が同じことばを話すようになれば、そうした紛争は減るに違いないと夢みているのであり、手話がその手段の1つになりはしないかと希望している。あるいは英語は学習が大変だが、手話なら簡単そうだから、手話を覚えて世界旅行ができるといいなと希望しているのである。これらは夢としては無理からぬ話だが、実際には不可能である。3項にあるように世界の手話は共通ではない。日本の手話は身振りに近い部分を除き外国ではほとんど通じないのである。

人はことばが通じないとき、身振りで意志を伝えようとする。人間が音声言語をもたなかった古代の人間の記憶がいまに伝わっていて、本能的にそうするのかもしれない。たしかに人間の身振りには世界的に共通するものもあるが、モリス（Morris, D., 1977）が有名な著書『マン・ウオッチング』で示すように、世界的には身振りにも違いが多い。身振りですら世界共通ではないことをまず知るべきである。

手話はことばを手で表したものだという理解は間違いではないが、深刻な誤解の原因になりやすい。4項手話の種類で説明するように、日本語を手で表現したものは手話であるか、という議論を生み出すもとになっている。この議論は、そもそも手話とは何かという、きわめて難解な問題の1つであり、簡単に結論づけるわけにはいかないが、手話と言語の関係をどう考えるか、換言すると手話が言語であることを認めるかどうか、の理念の問題になる。この議論をするには、手話とは何か、言語とは何かを十分に理解したうえでないと感情論になってしまう。本書を読んだ後、考えてみるとよい。

1.2 手話ということば

手話が人間の言語の1つである、ということを理解するのは簡単そうにみえて、それほど簡単ではない。なぜかというと、言語には、その言語を話す人々や、その人々のもつ文化、その人々の住む社会との関係が深く、そうした言語をとりまく諸条件への理解がないと、その言語がよく理解できないという側面があるからである。たとえば、日本語について語るとき、日本民族、日本文化、日本社会への理解を欠いたなら、必ずといっていいほど、批判を受ける。英語のように、現代では無国籍に近い利用のされ方をしている言語ですらアメリカ、

イギリス，オーストラリアなど英語を話す人々の国のことを意識する。つまりことばとそれを話す人々との関係は切っても切れない関係にある。

　言語の重要な機能の1つがコミュニケーションの手段である。手話をコミュニケーションの手段としている人々には聴覚障害者がいる。2項で聴覚障害者について解説するが，大別すると①ろう者，②中途失聴者，③難聴者に分けられる。ろう者のほとんどは手話をコミュニケーション手段とし，中途失聴者の多くは手話を利用しないことが多い。難聴者も多くは利用しない。そのため，手話はろう者だけが利用しているという誤解が生じる。また中途失聴者と難聴者の母語（第1言語）は日本語（音声言語）であることがほとんどで，手話を利用する場合でもろう者の手話とは異なる。手話はろう者のことば，という主張が拡がり，自らの手話にコンプレックスを抱いている人々が多いという事実を知っておいてほしい。前著が出版された頃は自らの手話にコンプレックスを抱いていたろう者が多くいたが，いまや時代が変わり，ろう者は手話に誇りをもつようになった。反面，中途失聴者，難聴者の手話が低い位置に置かれるという現象が顕在化してきた。本書は時代の変化も考慮し，使用者による手話の変種（違い）にも焦点を当てる。

a　話しことばと書きことば

　「手話は話すものなのか？」という疑問をもつ人がいる。つまり「話す」とは口で話すことを意味し，手で話すということには違和感があるのであろう。しかし，手話は手で話すと書くのだから，語義的には適合しているというと半分納得したような，それでも騙されているような感じがする人も多い。やはり話すのは口だという感覚が根本にある。この感覚は聴覚障害を考えるうえで重大なことである。聴覚障害教育が口話法にこだわる理由は，普通の人々のもつこの感覚にあるといっても過言ではないだろう。

　では視点を変えて，書きことばならどうであろう。メールやインターネットでのやりとりは話しであろうか。口での話しではないから，話しには入らないという人と，話しをそのまま書いたのだから，話しだという人に分かれる。しかし，いずれの立場の人もメールの文章はことばだという点には異論がない。「話しことば」と「書きことば」の区別をどうみるかという視点の違いであると分析できる。つまり，話すということとことばをイコールとみるか，話すと

いうこととことばというものを別のものとみるかの違いである。普通の人々にとっては話すということとことばは同じものである。しかし，ものごとを理屈っぽく考えてみると，私たちの日常生活はことばなしには考えられないが，ことばを話すという利用方法だけに限定しているわけではない。夢のなかでもことばをやりとりするが，実際に話しているわけではない。黙って何かを思考する時にもことばを使っている。思考する際にもひとり言をぶつぶつ言う人がいるが，それが話すということになるのか。ことばには話すという行為は必須ではないのである。話すあるいは書くという行為によって表出されることのないことばを内言といい，ことばには内言という思考の手段としての機能もあるが，本書ではそれには触れないで，話すあるいは書くことにより表出される場合を考えることにする。

　話すという行為には，話す人とその話し相手がいることが前提になる。いわゆる対話がもっとも一般的な形態である。メールなどでも相手の存在をつねに意識している。放送や出版のような場合は相手が不特定多数ではあるが，それでも自分の発したことばの受け手を意識している。つまり，まず話し手と聞き手がいて，ことばがこの両者の間の意志や感情などを伝達している，という関係が成り立つ。

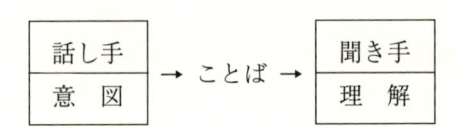

話し手	→ ことば →	聞き手
意　図		理　解

　書きことばの場合は話し手が書き手となり，聞き手が読み手となるだけで，ことばが話の内容を伝えることに変わりはない。ただし，話しことばと書きことばでは，同じことばが内容に若干の違いがある。また，現代ではかなり少数になったが，文字をもたない社会（無文字社会）には書きことばがない。ことばの発達の歴史を考えると，まず話しことばがあり，それを書き記すために書きことばが生まれた。ところが，文明が進むにつれ，書きことばが次第に話しことばより権威をもつようになり，書きことばが言語を代表するようになる。現代社会では，話したことよりも書いたことがはるかに権威をもつ。教育はほとんどが書きことばの学習に向けられ，その書きことばによって行われる。こ

とばのしくみの研究も書きことばのしくみの分析が中心で，話しことばについてははるかに遅れている．現代社会は書きことばが中心であることをまず認識しておかねばならない．

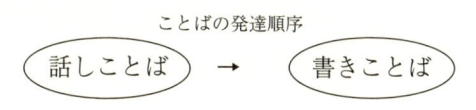

ことばの発達順序
　話しことば　→　書きことば

b 手話は話しことば

手話は文字をもたない言語で，話しことばしかない．これが大きな特徴である．前図のように話し手と聞き手がいて，言いたいことがことば（手話）により伝達されていることに変わりはない．しかし，書きことばがないことは，現代社会では不利であり，教育も難しい．これが聴覚障害教育で手話を排除してきた理由の1つである．つまり，書きことばは話しことばから発達したものだから，話しことばがわからないと書きことばは習得できないと一般に考えられている．ところが，聴覚に障害があると音声による話しことばの習得に困難がある．そこで，音声によらない話しことば，すなわち手話の習得に向かうのが自然な道である．

1.3 聴覚障害と話しことば

しかし，現代社会はそれをなかなか容認しない．とくに聴覚障害児をもつ親，耳鼻科の医師，ろう教育者の多くは，その子どもの将来を真剣に思えば思うほど，教育を受けさせたいと願う．日本人なら，「普通の子ども」に育てたいと願う．そこでまず，障害を取り除く第1歩として，医学治療を試みる．つまり，聞こえないものを聞こえるようにすることで解決を図る．人工内耳はその例である．医学の進歩はその願いをある程度は可能にした．しかし，現代医学でも聴覚障害のほんの一部を救済できるにすぎない．補聴器により聞こえを補う方法もある．近代の電気技術，とくに電子工学の発達は補聴器の発展にもおおいに寄与した．補聴器の性能向上と小型化には目を見張るものがある．しかし，3項で述べるように，聴覚障害には伝音性難聴と感音性難聴があり，感音性難聴には補聴器はそれほど有効でない．また，人により聞こえにくい周波数帯域が異なるため，補聴器をそれに合わせる技術や調整の問題がある．また幼児か

ら聴能訓練をしなければ良い効果がえられないが、幼児に器具の装着を要求するのは難しく、幼児に聞こえのテストをするのは困難な作業である。補聴器の装用は老人性難聴のように、次第に聞こえが悪くなるような場合にはきわめて有効に働くが、子どものうちに失聴した場合は難しい問題がある。補聴器の発達により救済された人々もいるが、多くの聴覚障害者にとって、補聴器は生活上の便利さは増えても、話しことばの習得には期待ほどには寄与していないのが現状である。

　書きことばの習得の前提として、話しことばの習得があるため、医学的治療や補聴器による聴能訓練による聴力障害の克服あるいは障害の減少に努め、日本語の話しことばの学習に努力したが、成功例が僅少であるのが現状である。その結果として、書きことばの習得が不十分で、教育の遅れが出るのは当然の結果である。そこで、次に考えられたのが、視覚で補う方法である。聴能訓練では一部すでに導入されていたが、音声を波形で示したり、音域を色で示したり、要は聴覚刺激を視覚刺激に変換することで、理解させようというものである。いわば条件反射的訓練を模したものである。単純な変換はうまくいくが、言語音のような複雑なパターン認識にどの程度通用するのか疑問がある。もう1つ、視覚を用いる方法として、話しことばの完全習得をあきらめ、最初から書きことばの習得を目標とするものである。しかし、最初から文字学習をすることは困難なので、文字を手の表現に換えた指文字を用いる方法が最初に考えられた。16世紀のスペインではじめられた世界最初のろう教育（5項参照）もこの方法である。文字は音を表記するものだから、指文字により、言語音と文字との結びつきを学習できる。したがって、まず指文字により、一定の手の形と動きが、記号であることを認識させ、次に指文字のもとである文字とその文字の音価の結びつきを学習させるという方法である。この関係を図示すると次のようになる。

　　歴史的発達順序：　音韻(音価)　→　文字　　→　指文字
　　　　　　　　　　　(話しことば)　　(書きことば)　(ろう教育)

　　　習得順序：指文字　→　音韻／文字（同時または一方のみ）

指文字と音韻の関係をより近くなるよう工夫されたのがキュードスピーチという方法で，音素が母音と子音からなることに着目し，また母音の発音には口の開き方が大きな要因となっていることから，母音を口形で識別し，子音を手の形で示し，日本語の場合はほとんどの音が子音と母音の組み合せあるいは母音のみのモーラという音節的単位になっているため，口形と手の形（キュー）を同時に示すことで発音指導をする，あるいはコミュニケーションに用いる技術である。ただ，世界的に消滅傾向にあり，比較的成功したといわれる日本でも，幼児期に導入されることがあるが，次第に消滅の傾向にある。

　指文字と音韻の関係をより遠くして，手の動きと単語を結びつける方法もある。指文字で1つひとつ音韻あるいは文字を表記する方法は，いわば書き取りのようなもので，話しことばの速度には追いつけない。そこで単語ごとに追いかける方法がある。単語を手話に置き換えるのである。ただし，手話には助詞がなく，動詞変化が活用に対応していないから，助詞や活用を指文字で補う。この方法を同時法というが，指文字のみの対応よりも速いが，手話単語を用いるため，単語学習を要する。また助詞や活用を表現しているとそれだけ遅くなる。そこで簡便な方法として，助詞や活用抜きで単語を変換し，手話単語を並べて，語順や文脈に頼りながら意味を理解する方法が自然に生まれる。これがいわゆる日本語対応手話である。これらについては4項手話の種類で述べるので，ここでは話しことばを視覚的に変換する方法の1つとして理解しておく。

　以上に説明したのは，一部日本独自の技法もあるが，世界共通の，話しことばを視覚に換える技術の発達の歴史である。最後は手話をも一部に取り込んで，とにかく話しことばを視覚的に表現しようという試みの成果である。これらの努力により，聴覚障害者の教育が向上したのは事実だが，一方でいまだ聴覚障害者の側に不満が多いという事実もある。教育や社会生活の多くが書きことばによって行われ，また日常生活には話しことばが必要とあれば，ことばの学習に重きがおかれるのは当然である。しかし，ことばの学習の前提である聴能訓練や発音練習に熱中するあまり，それに時間をかけすぎて，肝心の教育そのものに遅れをとってしまったという非難がろう教育に向けられたのも当然である。現在，手話で教育しようという試みもあり，バイリンガル・バイカルチュラル教育の試みも出てきて，世界の潮流に乗る動きもあるが，一方で日本は児童人

口が減少し，聴覚障害児の人口減少によるろう学校の減少（特別支援学校として他の障害学校と統合）が進み，手話教育の場が消滅の危機を迎えているという現実もある。

1.4　手話をことばとして認める

　視点を180度変えて，手話を話しことばと認めると，聴覚障害児教育の諸問題にいくつかの解決方法が考えられる。もっともシンプルなのは手話の書きことばをつくり，それにより教育をして，手話の書きことばによる社会をつくることである。これには政治的，経済的独立という付属要因も加わり，夢物語に近く，民族独立国家をつくるより難しい。なぜなら聴覚障害者という民族はないからである。ことばは民族とのかかわりが強いのが普通だが，手話は民族的背景をほとんどもたない言語である。これも手話の言語としての特徴の1つである。

　書きことばをその国の公用語とするという前提に立つと，2つの道筋が考えられる。手話からいきなり書きことばに変換する方法と，手話から日本語の話しことばに変換し，それから書きことばに変換する方法である。もちろんその折衷案として話しことばと書きことばを並行して学習する方法もある。

　　①手話（話しことば）→日本語（話しことば）→日本語（書きことば）
　　②手話（話しことば）→日本語（書きことば）
　　③手話（話しことば）→日本語（書きことば／話しことば）

　この場合，前記のような話しことば（日本語）の視覚への変換と違い，いずれも言語変換という観点に立たなくてはならない。視覚への変換の場合は，対象が話しことばと書きことばの違いはあるものの，同一言語内での処理であり，メディアの違いからくる処理方法の違いであった。もっとも簡単な変換は表音文字の発明である。手話から日本語への変換は言語変換であり，翻訳と同じことである。つまり，単語の交換だけでなく，文法の交換も必要である。普通の翻訳は文章同士の言語変換だが，もし手話から日本語の話しことばに変換するならば通訳ということになる。言語通訳の難しさは誰もが知っている。それを教育や社会生活に恒常的にもち込むことには強い抵抗が予想される。ことに日本のような言語に対して閉鎖的な社会ではなおさらである。欧米では実際に行

われているが，教室に手話通訳を置いて，ろう児が普通児と一緒に学ぶという状況が日本ではなかなか許されないだろう。大学教育にその可能性がもっとも高いが，それでも日本では希少である。まして義務教育に手話通訳を導入するには，いろいろな問題が予想される。特別支援教育において，教師が手話を使うことが望ましい。それに対して世間は好意的であろうが，ろう教育を手話で行うことには，ろう教育の一部には抵抗が残っている。1つには教師の手話能力，手話のできる教師養成などの問題があるし，手話を用いて日本語を教える技術がほとんど開発されていないこともある。もちろん手話を用いて日常生活の訓練は可能だが，現代日本の社会で普通に生きるためには，書きことばの習得と書きことばによる教育，書きことばによるコミュニケーションはどうしても不可欠である。話しことばについては通訳を使うにしても，聴覚障害者が書きことばを習得しなくてはならないことにかわりはない。聴覚障害者が手話と日本語の2言語使用者（バイリンガル）にならねばならないのは，公用語を日本語におくかぎり，必然的に起こる現象である。それを避ける唯一の方法は，手話を公用語とする社会の確立である。現在，多くの国で手話を公用語と認めているが，日本ではその可能性はきわめて低いと予想される。少数言語集団が2言語併用者（バイリンガル）になるのは世界的社会言語現象であるが，話しことばしかもたない場合はその傾向がさらに顕著になる。手話にはそういう側面があることを認識しておきたい。これらの問題については『バイリンガルでろう児は育つ』（佐々木，2008）が詳しいので，そちらを参照していただきたい。

　手話学は手話の言語学的研究を前提にしており，こうした手話の言語としての社会的背景を理解した上で，ことばとしてのしくみを研究する。ことばの研究にはそのことばを使用する人々の社会，文化などの理解が不可欠なので，次に手話を話しことばとする集団について学習する。

2　聴覚障害とは何か

　ろう者という表現と聴覚障害者という表現がある。その意味をまず正確に理解しておきたい。ここで大事なことは，聴覚障害者とは単に健常者（健聴者，あるいは聴者ということもある）が聴力を失っただけのものではないということ

である。したがって私たちは，聴覚障害者が聞えないことで起る諸問題，パーソナリティと社会適応などについてもトータルな見方や考え方をしておかねばならない。本書では前著とは考えを改めている。それは時代の変化ということもあるが，聴覚障害者をとりまく環境も激変したからである。まずは前著の古典的な聴覚障害者論を紹介し，今もこういう考えの人々が多くいるのが現実であることを理解してもらいたい。そして聴覚障害行政にかかわる人々には手話という視点が欠如していることを知ってほしい。

2.1 聴覚障害者

a 分類の方法

聴覚障害は，聞こえの程度により，軽度，中度，高度，重度難聴に分類される。また障害の部位によって，伝音性難聴と感音性難聴に分けられる。機能面から分類すると，生まれつきほとんど聞えない人をろう，生後何らかの理由で聴力を失った人を中途失聴と呼んでいる。障害の原因はいろいろあるが，遺伝はほとんどなく，病気，事故などのほか，近年は心因性の病気も増えてきた。また老齢化，イヤフォン型音楽機器による障害，ロック音楽に恒常的に晒されることによる障害など，事故とも呼べない原因もある。障害の表われ方は，障害の原因や性質によって異なるが，とくに障害発生の時期が重要である。言語獲得以前か以後かでコミュニケーション能力に差ができ，このことがその後の知能や学力に大きく影響を及ぼすからである。

日本では縦割り行政の悪影響の１つで，聴覚障害者は学齢期以前，学齢期，18歳以上に分割され，学齢期以前の聴覚障害幼児を文部科学省と厚生労働省が奪いあっている状況にある。近年の特別支援教育（旧特殊教育）では児童も障害者という考えになってきた。厚生労働省は身体障害者福祉法施行規則別表第５号により，聴覚障害を次の表１-１のように分類している。聴覚障害に１級と５級はない。

一方，文部科学省では，従来の「両耳の聴力レベルが100デシベル以上の者を聾者とする」という定義を2002年には「両耳の聴力レベルがおおむね60デシベル以上で，補聴器等を使用しても通常の話声を理解することが不可能又は著しく困難な程度」の者をろう者と規定した。2007年からはそれまで特殊教育と

表1-1　身体障害者障害程度等級表（一部）

級別	聴覚障害
1級	
2級	両耳の聴力レベルがそれぞれ100デシベル以上のもの（両耳全ろう）
3級	両耳の聴力レベルが90デシベル以上のもの（耳介に接しなければ大声語を理解し得ないもの）
4級	1．両耳の聴力レベルが80デシベル以上のもの（耳介に接しなければ話声語を理解し得ないもの） 2．両耳による普通話声の最良の語音明瞭度が50パーセント以下のもの
5級	
6級	1．両耳の聴力レベルが70デシベル以上のもの（40センチメートル以上の距離で発声された会話語を理解し得ないもの） 2．1側耳の聴力レベルが90デシベル以上，他側耳の聴力レベルが50デシベル以上のもの

呼んでいたものを特別支援教育と改称し，内容を変更した。「聴覚障害とは，身の回りの音や話し言葉が聞こえにくかったり，ほとんど聞こえなかったりする状態をいいます」と定義し，曖昧（あいまい）な表現に変わっている。それは「21世紀の特殊教育の在り方（最終報告）」の提言を受け，国は，「学校教育法施行令を改正し，盲・聾・養護学校へ就学すべき基準（就学基準）と就学手続の見直しを行った」からだという。その基本的な考え方は「今後の特別支援教育の在り方について（最終報告）」（2003）に述べられている。以下のホームページを参照されたい。

　http://www.mext.go.jp/b_menu/shingi/chousa/shotou/018/toushin/030301.htm

　文部科学省の定義は次第に緩いものに変化してきており，同時に重複障害へと視点を変更しているのは就学者の数が大きく減少してきていることが原因であろう。

b　障害の原因

　一般に遺伝や原因不明による先天性疾患と，麻疹・中耳炎などの疾病や事故

による後天性疾患とに分けられる。先天性疾患では最近は遺伝による疾患の比率は減少し，風疹や未熟児など胎児期や周産期の障害発生が増加する傾向にある。後天性疾患として心因性の原因による突発性難聴が増えているし，今後は老人性難聴が増えていくことであろう。また実態がつかめていないが，イヤフォン型の音楽機器が普及しており，大音量で聞いている若者が増えているので，いわゆるウォークマン難聴が急増する可能性もある。老人性難聴やウォークマン難聴の場合，本人は障害と意識していないことがほとんどであるが，氷山の海面下のように聴覚障害者数の大多数を占めている可能性が高い。

2.2 聴覚障害者の特徴
a 聞こえないということ

聴覚障害者のパーソナリティの特徴としては，精神的な固さ，融通性のなさ，自己中心的であることなどがよく指摘される。しかし，いずれもコミュニケーションが充分に行えないために，人間関係における誤解や無理解から生じた場合がほとんどである。聞こえないこととは直接の関連はない。そもそもこうしたパーソナリティの分類に意味があるのかどうかも疑問ではある。人は他人を分類することで納得することが多いが，実際には人は千差万別で個性的である。しかし対人関係を主とするサービス業や教育の世界では，集団として分類することで効果を得ようとすることが多い。分類であるかぎりは問題がないが，それが差別につながりやすいこともまた理解しておかねばならない。

耳が不自由な場合，音による情報認知を通じて経験的に次に何が起こるかを予測することが困難である。問題が生じた場合でも，聴者なら速やかに周囲から適切な助言や指導が得られるかもしれないし，常識や社会規範などの目に見えない抽象的事象も言語を介して身につけられるが，それらが困難な聴覚障害者は絶えず抑圧と不安のなかに身をおいているといえる。

たとえば，何かの集まりがあったとする。少し遅れて会場に入ったが，慌てていたのでドアを強く閉めてしまった。大きな音がしたが，本人は気にせず席に着いた。そこで，回りの人はどのように反応するだろうか。おそらく，ひとこと謝るべきだ，何と非常識な人だと眉をひそめるだろう。聞こえないことの意味を「非常識」の一言で片付けられてしまう怖さを改めて考えさせられる。

とくに自分の良き理解者であるはずの家族や周囲の者とのコミュニケーションが不十分な場合は，さらに混乱に拍車をかける。当然，不安や不満も増大するであろう。

　実際には，聴覚障害があっても視覚情報から周囲の状況の認知や次に何が起こるかの予測は可能である。しかし，聴者ばかりの周囲からの助言や指導などは得にくく，聴者の常識や社会規範を学習する機会が極端に少ない。そのため社会的成熟が遅れているという批難を受けることも多い。不幸なことにそうした批難そのものも情報として入らないことが多く，本人はいつまでも気づかずにいることが多い。こうした社会行動をろう文化として受け入れることができる社会ならばよいが，異文化への受容が少ない日本のような社会では，差別になっているのが現状である。

　視覚障害者や肢体不自由者はある程度，外見からも障害の困難さが理解されるが，聴覚障害者は外見からはほとんど理解されない。誤解を受ける要因の1つもこの辺にあり，聴覚障害者の悩みや不安は深刻である。

　たとえばお店で店員の話しかけにも応じず，勝手に品物をいじり回していたら，聴覚障害者だと思え，という話がある。いわば不審者として扱われている。スーパーやコンビニでは近年，無言の人が増えてきており，一見では聴覚障害者との区別がしにくくなってきており，不審者と誤認される確率も増えてきている。

b　中途失聴者

　人生の途中で起こる失聴という事態は，その人の心理にどのような影響を与えるだろうか。障害そのものが人格に与える影響も無視できないが，自分の障害をどのように受け止めるかが実はもっとも重要なことである。いい換えれば自分が障害者であることにどの程度納得しているかがポイントになる。

　キャロル（Carroll, T.J.）は中途失明者について「20の喪失」としてわかりやすくまとめている。対象は異なるが，聴覚障害者にもあてはまると思われるので，聴覚障害者に置き換えて紹介する。

　　（1）心理的安定の喪失（身体の完全さの喪失・残存感覚の信頼性の喪失・環境把握の困難性・音のもたらす安らぎの喪失）
　　（2）生活動作の喪失（日常生活の困難性・行動力の減少）

（3）コミュニケーション手段の喪失（音によるコミュニケーションの喪失・会話の容易さの喪失・情報入手の喪失）

（4）文化享受の喪失（音で楽しむことの喪失）

（5）職業・経済基盤の喪失（職歴，職業目標，就業の機会の減少・経済的安定の喪失）

（6）結果としての人格の完全さの喪失（自立性の喪失・社会的適切さの喪失・自尊心の喪失・豊かな人格形成の喪失）

これらは障害の違いや時代の違い，個人差などを考慮した場合に必ずしもすべてがあてはまるとはいえない。しかし，心理的安定の喪失をはじめとして中途失聴者が必ず直面する課題であることに変わりはない。

中途失聴者が障害を受けてから，それを受容し，再出発するまでの間の心的状況はさまざまであり，この心的過程を4段階に分けることができる。

第1段階は障害の発生から失聴宣告を受けるまでで，医療を中心とした時期である。第2段階は将来の見通しが立たず悶々と日々を過ごす心的葛藤の時期である。言うに言われぬ不安感，周囲の者に対する依存，そして劣等感にさいなまれるもっとも辛く苦しい時期でもある。第3段階は生きる意欲や目的をみいだし新たな人生を踏み出す障害受容の時期である。この頃になると「読話訓練」「聴能訓練」「手話訓練」などにも積極的に取り組むようになる。第4段階は職業決定の段階で，経済的基盤の確立が成るか否かの瀬戸際に立たされる時期でもある。

すべての人が同様の過程をたどるとはかぎらないが，中途障害者の社会復帰までには数年を要するのが普通である。中途失聴者は言語的な問題が先天的ろう者よりも大きい。母語としては音声言語を獲得しており，思考や内言も音声言語で行う。発話も最初のうちは普通にできる。いわば「聞こえないだけ」の状態である。しかし，それまでできたことができなくなる喪失感は大きく，不便さをより感じる。障害の受容がなかなかできない。情報は文字などから得ることができるので，メールや手紙，要約筆記などによりコミュニケーションが可能であり，それだけに頼る人も多い。一方で，聴覚障害者は手話によるコミュニケーションが普及していることも知っており，手話学習を始める人もいる。しかし手話教室に通えないことが多い。手話教室は聴者向けにできており，

説明も音声でなされる。手話サークルに入れば，聴覚障害者だから手話が上手だろうと思われ，手話ができないとは言い出しにくい。結局はテレビや辞書などで自習するしかない。難聴者向け手話教室も都会には少しあるが，まだ全国には拡がっていない。手話学習のニードはあっても，場がなく，上達の条件は聴者と同じかそれ以下であり，苦悩している人々が多い。中途失聴者のなかにはろう社会に入ろうとする人もある。しかし，手話ができない，思考は音声言語であり，ろう文化になじめない，などから，ろう社会に受け入れてもらえないことも多い。ろう理解が普及したことで，かえって阻害されているともいえる状態にある。

c 難聴者

ろうと難聴の違いは聴力の差というのが厚生労働省の障害程度等級表（p.19表1-1）の考え方である。しかし伝音性聴力障害の程度だけで聞こえないことからくる情報障害の程度は計れない。聴力障害の多くは伝音性難聴と感音性難聴が複合しており，伝音性難聴の程度が低くても，会話ができないことも多い。言語コミュニケーションができるかどうかが障害として大きいのだが，それを客観的に示すことは想像以上に困難である。言語活動は脳内処理であり，現在でも観察が難しい。聴覚障害は言語障害であることを再認識させられるのが難聴者である。難聴者には重度で音声コミュニケーションがほとんどできない人もいれば，軽度で電話ができる人もいる。補聴器が活用できる人もいる。千差万別なのが難聴者である。

d ろう者

ろうは漢字では聾と書くが，画数が多く面倒なためか，ろうと平仮名表記することが一般的になってきた。中国の伝説では龍の耳は聞こえないため聾という字がある。蛇足だが全日本ろうあ連盟のシンボルマークはタツノオトシゴだが，聾という字からの連想だろう。タツノオトシゴ（竜の落とし子）というのもおかしな命名だが，英語ではseahorseといい脳内の海馬と同じ語である。海外のろう者から全日本ろうあ連盟のシンボルマークの由来を聞かれることがあるがいつも説明に困る。

英語圏ではdeafとDeafを区別し，deafは聴覚障害者，Deafをろう者と定義している。Deafの条件は手話を母語とし，ろう文化（Deaf Culture）を継承

し，ろう社会（Deaf Community）の構成員であることである。つまりは一種の民族の扱いである。アメリカのような複合民族社会では，血縁はほとんど意味がなく，社会集団は言語，宗教，肌の色などで分類される。無論，これらの社会要因による差別は禁止されており，平等を国是としているのだが，差別がなくならないのが実態という矛盾をもっているのがアメリカ社会である。ろう者は手話という言語で区別されるので，民族集団に準じている。ろう社会はひとつにまとまっているかというとそうでもない。ユダヤ教徒は別のろう団体を作っているし，イスラム教徒も同様である。言語の次は宗教が集団形成の要因になっているようである。

　このアメリカろう社会の考えが日本のろう者諸団体にも影響を与えている。アメリカでは手話とろう文化とろう社会の一体性が重要であり，ろう者を他の集団と区別するのは手話であるから，日本でもその手話をアメリカ手話と対比して日本手話と呼んでいる。すなわち，日本手話を使用するのがろう者であり，ろう者の手話が日本手話であるというトートロジーの論法である。この論理は排他的になりやすい欠陥がある。日本手話ができないとろう者ではないことになるし，ろう者でないと日本手話ができないことになる。そしてなにより，日本手話とは何かを明らかにしないと意味をもたない。こうして日本の手話研究は政治的使命を負わされることになってしまった。日本手話研究がろう運動の一環になってしまったことは科学的言語研究としての手話学にとっては不幸なことである。

　ろう者を日本手話を母語とする集団と定義した結果として，聴覚障害者の圧倒的多数はろう者ではないことになる。この考えは世界の潮流とは逆になる。世界的には少しでも聴力に障害があればろう者とみなし，手話教育などの機会を増やそうとしているのだが，日本では日本手話の母語化に固執するあまり，難聴者を排除し，「純粋な」ろう者育成を目指す人々がいる。これも日本社会と日本文化の特徴かもしれない。

　現在，日本手話を母語とするろう者の人口はどのくらいなのか，資料が何もない。アメリカのような言語による国勢調査がないから当然である。市田他（2001）はろう学校在学者から1999年現在のろう者人口を約5万7000人としている。日本手話はろう学校において子ども同士間（peer group）により習得さ

れるという前提に立っている。子ども同士の会話は学校では休憩時間や放課後などに限定されるので，手話伝承は寄宿舎で行われてきたとされている。しかし，すべてのろう学校が寄宿制ではなく，すべてのろう学校生徒が寄宿生ではないので，実人口ははるかに小さいと予想される。神田他（2008）は手話を日本手話に限定せず，いわゆる日本語対応手話を含めた広義の手話を前提に，厚生労働省身体障害者実態調査から，2級以上の手話使用者を約3万5000人と推定している。おそらくはこれが聴覚障害手話人口の上限であろう。このなかには中途失聴者が含まれており，手話を母語とする人口はさらに少ない。

一方で厚生労働省身体障害者実態調査は聴覚障害者数は約30万5千人と推計しており，聴覚障害者の9割近くが手話を使用していない，という実態は問題である。諸外国において手話が公用語化され使用者が増えているという潮流が日本に届かない原因の1つはろう者を狭く定義していることに関係があると思われる。

2.3　障害を受けた子どもと親の心理

障害を受けた子どもをもつ親の心理は，母親の罪悪感，不安にとらわれるその姿に集約される。「あの時こうすれば良かった，こうしなければ良かった」といつも心のどこかに子どもに対する申し訳なさの感情が働いている。心配と不安から，いつの間にか子どもに対する過保護や拒否が表われる。親は本当は心配しているが，限界がみえてしまうために放任せざるをえなくなる。

ピアソン（Pearson, S.）は障害児の問題行動について，その子どもが自分の身体障害を客観的に受容できないために起こすことよりも，むしろ親が子どもにみせる不適切な言動や態度によるところが大きいと述べている。したがって，障害児の性格や行動などについて指導するには，子どものみならず親の態度や考え方を改めていく必要がある。

日本の場合，親の親の世代がもつ因果応報的な宗教観も影響しているであろう。しかし近年は日本社会の宗教意識が薄れてきており，障害児に対する親の罪悪感が薄れてきているかもしれない。キリスト教世界では，障害児は神様がくれた天使であるという話を聞いたことがある。実際，障害児をもつことで親が世間を知り，人の情けを知ることが多いという。障害児をもつ親の心理や障

害の受け入れにもっとも適切な助言を与えられるのは，同じ経験をもつ障害児の親であるという考えから，相談員やコンサルタント，障害教育者，手話通訳者になる人が欧米には多い。これらを天職と考えるのはキリスト教の影響かもしれない。日本でも近年は障害児をもつ親の会がいろいろ生まれ活動している。そういう人々の社会活動が閉鎖的な日本の教育界や官僚の世界を動かす力となっている。

2.4 障害者の定義

聴覚障害者を含めた障害者の定義はどうなっているのだろう。日本の障害者の定義は前述の身体障害者福祉法に定義されているが，明らかに医学的・機能的分類のみである。世界保健機構（WHO）は1980年国際疾病分類（ICD）を改正し，主としてリハビリテーションを前提として以下のような分類を示した。

1. 機能障害（impairedness）病気の結果の機能障害
2. 能力障害（disabledness）個人活動としての能力レベルの障害
3. 社会的不利（handicap）社会生活上の障害

この分類によれば聴覚障害者（hearing impaired）と聴力障害者（hearing disabled）は分けられるが日本では，この両者の区別は曖昧なままである。身体障害者福祉法は1の定義のみであり、いまだに改定されていない。3番目のhearing handicapped の訳語も概念も日本にはない。外国では2や3の分類を重視し，聴覚損失度は低くても個人活動や社会生活に不利があれば障害者と認定されるが，日本では医学的分類のみである。このため医学的検査を受けようとしない潜在的な障害者が大勢いると推定される。

しかし，この世界保健機構の定義ですら，「医学モデルに過ぎない」「児童や精神障害では適用しにくい」などの批判があり，2001年改訂が行われた。

否定的な名称・概念から中立的・肯定的な名称・概念へと変化し「機能障害」は「心身機能・身体構造」に，「能力障害」は「活動」に，「社会的不利」は「参加」へと変わった。これらが障害されると心身機能・構造は「機能・構造障害」になるが，活動は「活動制限」，参加は「参加制約」となる。そして従来の疾患という用語も「健康状態」という中立的な用語に変わった。これには病気やけがだけでなく，妊娠，高齢，ストレス状態も含まれる。なお能力障

害（disability）が，障害全体を示す包括用語になった。つまり，以下のように変更になった。

　　能力障害の分類
　　1．心身機能・身体構造の障害（機能・構造障害）
　　2．活動の障害（活動制限）
　　3．社会参加の障害（参加制約）

　以前の定義では疾病の結果，機能障害になり，それが能力障害となって社会的不利になる，という一方向的な「運命論モデル」であり「逆方向の交互作用を認めていない」などの批判があったので，改訂モデルでは両方向に変わる。さらに，環境因子が背景因子として詳しい分類が追加される。また，医学モデルであったという批判に対し，心身機能・構造の分類は簡素になり活動と参加の項目が詳細になっている。

　こうした世界的な障害者観に日本はまだ追いついていない。障害とは目に見えるものではなく，個人活動，社会活動を通じて，その不利が認識されるものである。たとえば聴覚障害者は補聴器を付けていないと外見ではわからない。そして「聞こえない」ということがどういうことなのか，聞こえる人にはなかなか想像できない。そして聞こえないことからくるさまざまな生活の不便，危険，社会生活上の不利はさらに理解されない。近年バリア・フリーということがよくいわれるが，このバリアというのは物理的障壁のようなニュアンスがある。このため階段をなくす，など目に見える改善が優先となる。一方，ユニバーサル・デザインというのもあるが，これは誰でも使えるということだから，平等感は増すが，それでも物理的解決のようなニュアンスがある。心理的な障害，社会参加の不利をどう解決していくか，がこの問題の重要な点である。

　聴覚障害者についていえば，手話をすればすべて解決される訳ではない。しかし手話をすることでそれらの不利を理解しようという姿勢が出てくる。そのことが大切なのである。いわば手話は聴覚障害理解のシンボル的役割を果たしている。

　聴覚障害者が差別され，社会的不利を受けてきた歴史は長い。しかもまだ解決されていない。障害者の定義が変わりつつある世界情勢を前提に，日本も変わっていかねばならないが，その際，実は障害者をひとくくりにできない，個

別の障害の問題がある。聴覚障害にはどういう問題があるのか，歴史的に考察してみることも大切である。

聴覚障害者，ろう者の存在は歴史的にはいつからなのか，明確な記録があるわけではない。しかし，ろう者の歴史は人類の歴史と同じだけの長さがあると想像できる。人類学的な証拠があるわけではないが，先天的にせよ後天的にせよ，聴覚障害になる可能性は人類の誕生とともにあったと考えられる。

ではろう者のことばである手話はいつから存在しただろうか。その問題への解答は，ことばの起源の問題と同じく，探求がむずかしい。人間のことばの起源はいまだによくわかっていない。手話の起源にも同様の困難があると思われるが，次に考察してみよう。

3 手話の成立と歴史

3.1 単語の比較

ことばの起源を探るのは容易でない。日本語のルーツ探しは日本人のルーツ探しと同じでロマンを求めて多くの人が挑戦し，いろいろな説が出たが，どれも科学的証拠に乏しく，いまだに決め手がないのが実情である。

言語のルーツを探る方法は，19世紀から20世紀初頭にかけて，ヨーロッパで盛んで，古代インドのサンスクリットの発見が，ヨーロッパ諸語の系統を探るのに貢献した。その基本的手法は語彙比較で，比較的年代的変化の少ない身体語彙や親族名称などを比較して，音形の類似や，変化パターンの規則性を発見することで，言語同士の類縁関係を調べた。この際，だいじなことは単なる音形の類似だけでなく，意味の類似，そしてそれが偶然ではなく，一定の規則性をもつことである。

手話のルーツを探るのも同じ手法によれば，比較的変化の少ない語彙の手話形とその意味の類似関係を調べることになる。神田和幸（1977）は日本手話とアメリカ手話と北米にすむアメリカ先住民の手話の基本語彙を比較して，約20％の語彙に形式と意味の類似が見られた。これをそのまま解釈すれば，日本のろう者とアメリカのろう者と北米先住民が同じ系統の言語をもつことになる。世界中の手話を比較してもおそらく似たような結果になるか，場合によっては

さらに数字が高くなろう。その理由は，手話単語の形式と意味の関係に有契性があるからである。反対に，形式と意味の関係が恣意的というのは，たとえば日本語でいうリンゴを英語でapple，フランス語でpommeというように形式と意味の関係は言語ごとに決っているものの，その決め方には必然性がないことをいう。手話の場合，たとえば日本手話では目を表現するのに，目を指差すが，他の手話でも同じ表現をすることがほとんどである。基本語彙の多くをなす身体語彙は指差しによることが多く，「飲む」や「食べる」のような語も身振りを用いるため，類似性が高い。このため世界の手話単語を比較しても，手話同士の系統を探ることはできないようにみえる。しかし，発想を逆にして，有契性の低い単語を比較してみるとどうだろう。音声言語の場合はすべての語彙に恣意性があることを前提にして，特定の語彙を比較したのだから恣意性のある語彙のみを比較すれば，似たような成果が得られると推定される。

日本手話と韓国手話と台湾手話には類似があることがスミス（Smith, W. H., 1986）により指摘されているが，それは歴史的に日本の帝国主義侵略時代と関連があり，三者の関係が裏付けられる。また，フランス手話とアメリカ手話が同系統であることは歴史的にはっきりしているが，1817年にアメリカにもち込まれたにしては変化が多過ぎることから，反対にアメリカ手話はフランス手話がそのまま変化したものではなく，もともとあった土着の手話とフランス手話が合わさって成立したものであることが推定された。

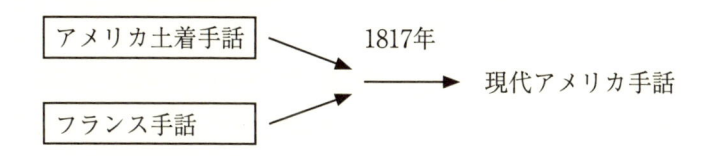

```
アメリカ土着手話 ──┐
                1817年
                 ├──→ 現代アメリカ手話
フランス手話 ────┘
```

そして1817年以前に手話が話されていた証拠がみつかり（Groce, N.E., 1985），この仮説が証明された。

このように手話単語の比較は方法を工夫することで，手話同士の系統を調べることもできるが，そのためには手話の特徴を把握していなくてはならない。

3.2 手話の語源

　手話辞典の類には手話源と称する手話の語源が書いてあることが多い。手話単語学習には役立つことが多いため，手話講座などでもよく利用されている。しかし，科学的根拠に乏しく，伝聞や推測によるものも多く含まれている可能性が高い。1つの手話単語に複数の手話源がある場合はどちらかが真でないはずだが，複数の手話源をもつ語もかなり多い。

　手話の語源ではないが，指文字のハは「ハサミのハ」と教えられていたケースを目撃した。指文字のハはアメリカ指文字のHがもとになっており，明らかに誤って教えられていたのだが，生徒にとっては覚えやすいため，真偽はともかくそのまま受け入れられてしまった。この生徒がやがて講師になる時には正しい語源として教えるだろう。このような確かな証拠のない伝聞あるいは類推による語源を民間語源という。手話源についてたずねてみると，そう聞いたという伝聞ばかりであるが，書きことばをもたない手話では，それは当然のことかもしれない。逆に手話源がはっきりしているということは，その手話単語の成立が新しいことを示す。近年，急増しつつある新しい手話はどれも手話源がはっきりしている。しかし，すべての手話源がはっきりしているわけではなく，手話の存在自体は次に考察するように，起源は古いと考えられる。

3.3 日本手話の成立

　日本手話の歴史は百年足らずであるという俗説がある。この説は権威ある筋から流布されたせいもあり，信じている人が多いが，実は推測にすぎない。この説の根拠は，日本で最初のろう学校の設立が1878年の京都盲唖院開校であり，それが日本手話の開始であるというのである。それまではろう者は各家庭にいて，ろう者が集団になったのはこの時が初めてであり，手話はろう者集団の形成によって作られたという説である。この説には誤りが2つある。1つ目の誤りはろう者が集団にならなければ手話が生まれないということである。

　外国の研究では，たった1人のろう者のために周囲の人々（聴者）が手話を使った例（Kuschel, R., 1973）が報告されている。つまり手話はろう者同士のコミュニケーションの必要から生まれたと考えるのは間違いなのである。これは手話がろう者のことばであるという価値観から，手話はろう者同士の間から

しか発生しないと思い込んだからであろう。2つ目の誤りは，学校がなければろう集団が発生しないという思い込みである。ろう集団が最初に発生するのはろう家庭である。家族のなかに複数のろう者がいれば当然手話が発生する。こういうろう家庭の最初の発生はいつ頃かわからない。したがって，手話の発生もわからないというのが真実である。また，ろう家族が発生しなくても，近所にろう者が住んでいることは充分考えられる。ミニろう社会の発生はいつ，どこにでも可能性がある。

　ろう学校が日本手話の起源であるという説を採る人々は，それ以前にろう家庭で自然発生していた家庭手話（ホームサイン）は言語でないというのかもしれない。しかし，何をもって言語と認めるというのだろう。個人的変種であれ地域的変種であれ，手話に変りはない。手話の歴史はろう者の歴史と同じ長さだけあるというのが道理であろう。

　田上・森・立野著『手話の世界』(1979)では「乞食姿」（原文のママ）をしたろう者を掲載した群書類従の例（p.51）をあげて，古典に表れるろう者を紹介している。しかしここでは手話の存在は確認されていない。だからといって手話が存在しなかったとはいえない。一方，日本手話の歴史百年説の根拠となった文献として，京都盲唖院を設立した古河太四郎の「古川氏盲唖教育法」をあげているが，同書（復刻版）では手勢法と呼ばれる手話があったと述べている。しかし，この手話は古河の独創ではなく「談話するに普通手勢の如く不完全なもの」と批判しているから，学校創立以前にあったものであることは間違いない。古河は手真似では伝達が不完全なので，今日でいう指文字（五十音符号手勢）を考案し普及させようとした。手話教育ではなかったのである。しかし，結果として各地で用いられていた手話が学校という集団により共通化され，その学校で教育を受けたろう者が全国に散らばることで，その学校の手話が広がることは想像できる。しかし，それをもって手話の起源とするのは正しくない。

　本書では，日本手話の起源は不明であると考える。それは手話がろう者のことばであり，そのろう者の起源は不明だから，手話の起源も不明であるからである。強いていえば，手話の歴史はろう者の歴史と同じであり，それは人類の歴史と同じであるといえる。

4　手話の種類

　手話を利用するのはろう者だけではない。ろう者は聴者に比べてはるかに少数であることを考えると，難聴者や聴者の手話利用者の方が多いかも知れない。このため，日本語からのいろいろな言語的影響が考えられる。

　ことばというものはいろいろな影響を受けながら，つねに変化していくものだが，1つの例として英語の場合を考えてみよう。英語は5～6世紀にゲルマン民族の一部がヨーロッパから英国へ移住したことから始まった。それから1066年のノルマン人の征服（ノーマン・コンクェスト）までの時代を古英語の時代という。ノルマン人の征服の結果，フランス語の影響を大きく受け，借入語が増え，語形成や文法にも変化が起こった。この時代を中英語の時代という。16世紀のルネッサンス時代になると古典復古が盛んになり，古典ラテン語の使用，正書法の発達があり，標準英語の確立が起こった。この時代を近代英語の時代という。

　　　　5C～11C　　　11C～16C　　　16C以降
　　　　古英語　　→　中英語　　→　近代英語

　この頃に発見されたアメリカ大陸への移住が増えて，1776年にアメリカが独立すると英語はアメリカ英語とイギリス英語に分かれていった。1901年にはオーストラリア連邦が独立するとさらに英語は分化していった。アメリカではさらに事情が複雑で黒人英語が生まれたり，移民者の言語と英語の混合言語が生まれたり，また東部，西部，南部といった地域の差も生まれている。イギリスでも地域方言や階級方言がたくさん生まれている。また，アメリカやイギリスの植民地であった国々では，土着の言語と英語との混合言語である，ピジン英語や英語クリオールが生まれている。ピジンとクリオールの違いは，英語と土着語が接触し，両方が混じった第3の言語が出来上がった場合をピジン英語と呼び，そのピジン英語を母語とする人々が出てきた場合をクリオール英語と呼んでいる。ピジン英語とクリオール英語にもたくさんの種類がある。つまり

英語は1500年の間にかなり変化し種類も増えたのである。

　日本語はこれほどではないが，それでも昔から中国や朝鮮半島からの影響は大きく受けており，文化や習慣の流入だけでなく，言語のうえでも中国語や朝鮮語が流入している。また明治以降は西洋語，1945年以降はアメリカ英語の影響を強く受けていることは誰もが感じることである。善悪の問題ではなく，またことばの乱れでもなく，ことばはつねに変化しているという事実を考えたい。

　手話はろう者の発生とともに発生したであろう。日本手話も最初から日本語の影響があったと想像できる。アメリカのように手話の歴史がわりあいはっきりしている場合もあるが，多くの国では手話の歴史は明確ではないので，日本の手話の歴史が不明なのは特別なことではない。起源がはっきりしていないからといって，手話が日本語から派生してきたとか，近年になって発生したのだというのは妥当ではない。英語の変遷を説明したように，ことばは歴史とともに大きく変化するものである。その歴史を知らなければ，想像さえできないような変化をしているのである。日本語も古代からずいぶん変容したのだから，日本手話も大きく変化したに相違ないが，文字をもたないことばである手話の歴史は，今からでは想像すらできないほど変化したに違いない。

4.1　日本手話の歴史

　手話の古語は復元できないが，1878年のろう学校開設により，その存在が確認され，ろう教育に採用されることで歴史に登場した。やがて口話法の発展のため，高橋潔校長の大阪市立聾啞学校など，一部のろう学校を除いては手話が禁止されるという時代が続いた。しかし，手話は元々学校教育から発生したわけではないので，学校で禁止されても，ろう家庭やろう者の間では相変らず使用されたのは当然のことである。いわば明治以前の状況に戻ったのにすぎない。ただ1つだけ環境条件が変化したのは，手話使用の罪悪感が広がったことである。明治以前ではろう者の「手真似」（手話）はそれほど世間の関心は引かなかったらしく，文献にも登場しなかった。ということは，手話は良くも悪くもないもので，いわば放っておかれた状態だった。しかし，一旦，ろう教育で手話が採用されたため，多くの聴者がその存在を知ってしまった。口話法では教師と親に手話使用を敵視することを強いた。そして，手話は放っておかれたの

ではなく，積極的に撲滅すべき対象となった。手話弾圧の時代である。

しかし，言語弾圧が成功する例は歴史上きわめて少ない。人間のことばを政策や運動で抹殺することは不可能である。まして，ろう者には口話の習得が難しいのだから，手話が生き残ったのは当然であった。反面，手話弾圧の時代はいわば秘密の手話使用だから，聴者の手話使用はきわめて稀であり，聴者の影響を受けることはほとんどなかったと考えられる。

1950年の全日本聾唖連盟設立，1970年の手話奉仕員制度開始など，ろう者の運動が実り，手話をろう者とのコミュニケーション手段として認める人が増えたことが，手話の変化をもたらした。当初，手話を覚えたい聴者はろう者から直接学習するしかなかったので，初期の手話学習では比較的純粋な形でのろう手話の伝承があったと推定される。しかし，大勢に手話を教えるとなると，やはり聴者の先生が必要となる。つまり，聴者が聴者に手話を伝承するということになる。ここで手話の変容が起こる。

4.2　ピジン手話と手話付口話

先天的ろう者の場合には手話が母語である場合が多く，中途失聴者でも失聴年齢が早ければその可能性は高い。もちろん，完全な口話法教育の環境にあり，まったく手話を知らないろう者の場合，母語は日本語だが，この人々が手話を教えることはないから，この議論には関係ない。問題は手話を学習した聴者である。この人々の母語は日本語である。ろう家庭出身者はバイリンガルである。つまり，手話学習や手話使用の際，日本語の影響を強く受けるのである。初期の聴者の手話学習者の中には，完全にろう者の手話を習得した人もいたかもしれないが，学習法の確立していない当時では，多くの手話教育では手話単語を日本語単語に置き換えて，後は文脈で想像して理解するという方法がとられたに違いない。明治時代の外国語学習がそうであったようにである。その結果，聴者の手話学習者に手話単語を日本語順に並べる，手話と日本語の混合言語が発生した。これはピジン言語である。しかし，たとえピジンであっても，ろう者には口話より理解できる。また，聴者にも独自の文法を備えた手話よりも，日本語順に近いピジンの方が理解しやすい。こうして，このピジン手話が聴者とろう者をつなぐ言語となった。ここまでは，2つの言語が接触した結果起こ

る，世界のどこにでもある現象である。

日本語（聴者）　◀──▶　手話（ろう者）
　　　　　　　　　│
　　　　　　　　　▼
　　　　　　　ピジン言語

　ピジン言語の特徴として，社会的力の弱い言語の文法を簡略化して文法とし，力の強い言語の単語を借入するという一般法則がある。英語の例でいえば，力の強い英語の単語を採り入れ，力の弱い言語（たとえば日本語）の文法を簡略化すれば，ピジン英語が発生する。いわゆるジャパニーズ・イングリッシュである。

　　ピジン言語の一般的構造：優勢言語の語彙＋劣勢言語の簡略化した文法

　最初に発生した手話と日本語のピジンは簡略化された日本語文法に手話単語が利用されたのだからピジン手話である。聴者とろう者の一般社会における力関係は聴者＞ろう者の関係にあるが，手話を学ぶ立場にある聴者の学習者は先生であるろう者より劣位になるので，手話学習の場で発生する手話はピジン手話となる。手話が優勢言語であることに注目したい。
　手話奉仕員養成制度は多くの聴者に手話学習の機会を与えたが，その学習対象になった手話はろう者の手話ではなく，ピジン手話であったと想像される。その理由は当時発行されたテキスト類を見ると，すべて単語の説明であり，日本語がどのような手話単語に置き換えられるかを学習するようになっている。文法に関する記述はまったくない。また，手話を日本語で説明できるのは聴者であり即席の手話講師となった聴者が獲得したのはピジン手話で，聴者とろう者をつなぐ通訳活動の多くもピジン手話学習が実際的であった。
　さらに言語接触として複雑なことに，ろう者はつねに聴者に遠慮して生活することを強いられてきたこともあり，聴者の手話であるピジン手話に遠慮せざるをえない状況もあった。まして，地方自治体が開催する手話教室で教える手話なので権威をもつのが当然である。ピジン手話とろう者の手話の関係は，日

本語共通語教育における標準語（共通語）と方言の関係と同じである。正しく美しいのは標準語（ピジン手話）であり方言（ろう手話）は汚くみっともないもので，晴れやかな場所で使うものではないと思うようになるということになる。そしてろう者の手話は内々のことばとなっていった。

　幸か不幸か，手話学習を希望する聴者は増加し，ピジン手話はますます広がり，共通語的性格をますます強めていった。しかし，手話を学習した聴者の多くは，そのことに気づかず，ピジン手話が手話だと信じる人も増えた。なかには「手話は日本語の1種」だという誤解をもつ人すら生じる事態となった。また「手話には文法がない」という誤解も生まれた。

　手話通訳の世界では同時通訳がほぼあたりまえに思われているが，考えてみると奇妙である。口話をしながら手話をすることは，たしかに聴者とろう者が混在する現場では便利だが，2つの言語で同時に思考はできないので，現実には日本語で考え，音声にピジン手話を付随させ，発話よりもどうしても遅れる動作に合わせて，音声を時々中断して時間調整をしながら進行させている。他人の音声言語を通訳する場合でも，日本語の単語を置き換えるピジン手話なので，比較的誰にでも簡単にできる。単語の羅列から文脈を類推するのは容易ではないが，それでも，唇の動きを読む読話よりははるかに楽で，日常会話ならかなり理解できる。この読話とピジン手話を併用する方法は今でも頻繁に使われている方法で，多くの人はこれを手話通訳と考えている。この方法をシムコム（SimCom）ということもある。通訳を受けるろう者の側からすると，よく理解できないことが多く，単語の逐次訳には限界があることがわかってくるので，ろう者の手話への通訳を求めるようになるが，実際にはろう者手話への通訳者は稀少である。ろう者はろう者手話の存在をアピールするような運動を展開し，それが「ろう文化宣言」や日本手話以外の手話の排斥運動へとつながった。

　市田泰弘(2008)は『バイリンガルでろう児は育つ』の巻頭で手話を日本手話と日本語対応手話に二分化し，日本語対応手話は自然言語ではないと断じているが，言語接触の結果生じるピジン言語についてまったく言及していない。聴者で手話の専門家である市田にして，ピジン手話への理解がないことをみればわかるように，ろう者にはピジン手話と後述の日本語対応手話との区別は困

難なようで，木村晴美（2007）のようなろう者を少数民族と考える人々が日本手話以外の手話変種を排斥しようとするのは無理からぬことかもしれない。民族主義に排他的な傾向があるのはよくあることで，より過激な政治的主張，運動への展開していくこともよくある。本書で指摘しておきたいことは，言語接触の結果，必ず何かの言語的影響と言語変化が起こり，多くの場合，ピジン言語が発生する。日本語と手話も例外ではなかったということである。ろう者の先生と聴者の生徒が作り出していったのがピジン手話であり，それは単語学習の必然的結果でもあった。

　読話とピジン手話の併用は，聴者からするとピジン手話の単語だけでは何か言い足りない所を口話で補えるという利点がある。実際に伝わったかどうかは別にして発話者としての満足感がある。聴覚障害者からすれば，口話だけではわからない所を手話単語で補って理解できるので，情報獲得できる利点がある。双方に利点のあるこの方法が普及したのは当然である。しかし，これは手話というより，手話単語付きの口話であるから，ピジン手話よりさらに日本語に近いものになる。アメリカでは，こうした手話利用法をSSS（Sign Supported Speech，手話支援発話）と呼んでいる。これは後述する同時法的手話とは異なるが，内容は似ている。本書では手話付口話と訳しておこう。

　聴者の手話学習は，ピジン手話という手話と日本語の混合言語を生み，さらにはピジン手話をさらに日本語に近づけた手話付口話という方法を生み出した。日本語を母語とする難聴者や，晩期中途失聴者にはろう者的手話の獲得はむずかしく，ピジン手話や手話付口話は便利である。また，口話教育を受けた人々にも受け入れやすい。ろう者にかかわる聴者も学習しやすい。ろう者が圧倒的少数である社会で，こうした言語や方法が拡大するのは当然である。しかし，言語という視点からみると，日本語を視覚的に表現するにすぎず，それも不完全な形である。日本語の話しことばは文字にすると，標準語とはズレが生じる。ピジン手話や手話付口話では変換の程度は相当に減少する。つまり，聴覚障害者の日本語コミュニケーションは不利であることに変わりはない。程度は減少しても「障害」は残ったままなのである。

　こうした実情に対し，完全なコミュニケーションを求める聴覚障害者はろう者的手話の社会的是認を求めるようになる。ろう者手話という表現は前提とし

て「聴者手話」を認めることになるが、それは手話ではないと彼らは主張したい。実際はどうあれ、ピジン手話は日本語の変種にすぎないという意味を込めて、自らの手話を「日本手話」と呼ぶ。しかし、手話通訳養成などでピジン手話が普及し、その恩恵に与(あずか)る人々にとってはピジン手話も手話と信じているので、ピジン手話は手話ではないという主張は、これまで「ろうあ運動＝手話運動」であった歴史を考えると、自己否定につながってしまうため、到底容認できるものではない。聴覚障害者の間でも議論があるゆえんである。

　アメリカろう運動の影響を受けた若いろう者による日本手話への評価は、日本手話の歴史的視点に立てばルネサンスを迎えているといってよいだろう。

4.3　日本語対応手話

　ろう教育では長く口話法全盛時代が続いたが、日本では1965年頃から、純粋口話法を批判し、補助的に手指を用いて日本語を教える傾向が出てきた。1968年、田上隆司を中心とする栃木県立聾学校は同時法を提唱し、手話単語と指文字を用いて日本語を表示することを提案した。同時法では、手話を３つに分類し、それまでろう者の間に伝承され日本語とは異なる文法をもつ手話を「伝統的手話」と命名、それに対し手指で日本語を表示する方法を「同時法的手話」（正確には手指法）と命名した。同時法的手話は指文字を用いて、ほぼ完全に日本語の音韻を表示することを理想としたので、表示に時間がかかり実用的ではない。同時法を学んだ子どもは、実際の会話場面ではその省略形を用いるらしく、それは手話と日本語の中間的存在なので「中間型手話」と命名された。この３分類はいまでも使われることがある。同時法的手話はその後、モデルを変更し「日本語対応手話」と名を変え、いくつかのモデルが提案された。

　アメリカやヨーロッパでも同様な現象があった。まず、指文字だけで英語を表示する方法が考案され、これをロチェスター法という。次に、手話単語を取り入れ、それに指文字で語形変化を表示する方法が考案され、いくつかのモデルが提案された。SEE I (Seeing Essential English)、SEE II (Signing Exact English) などが有名である。やがて改良され、Signed English, Sign English というモデルも出てきたが、まとめてMCE (Manually Coded English) と呼ばれている。日本でもアメリカにならい、同時法的手話、日本

語対応手話を MCJ（手指日本語，手で表現した日本語）ということもある。

　同時法の提案にはいくつかの特徴がある。1つはろう者の手話が日本語とは別の文法をもつことばだということを認めていることである。2つ目は同時法的手話は日本語の文法に従い手話単語を配列することで，日本語を表示する方法であるとしていることである。また，同時法は実利用上は不便があり，中間型という実務型変種の存在を認めている。つまりは日本語と手話という2つの言語の共存を認め，その中間的存在も認め，同時法的手話がその橋渡しになるという認識である。同時法的手話というのは人工的に考案された理論上モデルであり，手指で日本語を完全に表記するという矛盾に満ちた提案であった。日本語は音声言語であり，それが完全に手指で表記できるという保証はなく，また手指を用いれば手話だという認識も誤りである。同時法的手話は文法を日本語に従うことを定義しつつ，伝統的手話には日本語とは別の文法があることも認めているので，同時法のいう手話という概念は文法とは関係がない存在であることがたしかである。つまりは手話とは単語にすぎず，言語ではないと宣言しているのと同じである。しかし，このことは公言されていないので，手話には3つの種類があると誤解が広がることになった。

　現在の知識で正確に言えば伝統的手話は同時法以前から存在する1つのことばであり，同時法的手話とは仮想モデルであり，これを母語とする人はいない。伝統的手話は自然言語，同時法的手話は人工言語といい換えてもよい。中間型手話というのは誤解を招く表現である。これが同時法的手話と伝統的手話の混合の結果だという論証もないまま，日本語（同時法）と手話の中間だということになってしまったが，栃木校の子どもの発話は日本語順に手話単語を羅列したピジン言語であった可能性もある。もしそうだとすると，その言語構造は同時法的手話に似ているため誤認されるのはやむをえない。他のろう学校のように手話使用が禁止されることなく，手話使用が公認された状態であればピジン手話も使用される。そのピジン手話に同時法的手話からの単語が多く借入されればたしかに語彙的には中間的手話が形成されるが，それは同時法的手話と伝統的手話の中間ではなく，日本語と日本手話の混合型であるピジン手話にさらに同時法的語彙が混入した第2次ピジンということになる。

　栃木校では中間型手話を使用する子どもが多く観察されたらしく，これがク

リオール化（ピジン言語を母語とすること）すると，やがてさらに日本語に近い中間型が生まれ，それがさらにクリオール化され，というように，やがて脱クリオール化が起こって，ろう児はすべて日本語化するということを想像したらしい。しかし，実際にはそれは起こらなかった。つまり，「中間型手話」を使用する子どもは同時法的手話から単語を一部借用したにすぎず，中間型手話を母語とした子どもが出て中間型手話がクリオール化しても，そのクリオールと同時法的手話のピジンは発生しなかったのである。このことは日本語がいかに英語から借用していっても英語にはならないし，日本語が歴史的に多くを中国語から採り入れたが中国語にはならなかったことを考えればわかる。

　また，栃木校にはろう家庭出身の子どももいたはずなので，そういう子どもから手話を学習し，独自の手話方言を発達させたという見方も可能である。

　同時法は人工言語と自然言語という認識が欠けていたこと，また，ことばと文法の関係の認識が中途半端であったことが欠陥であった。同時法的手話の後続モデルである日本語対応手話にもこの欠陥は受け継がれたままである。日本語対応手話という表現は『新・手話辞典』（1992）に初出され，同書は手話コミュニケーション研究会編となっているが，実質は田上指導の同時法モデルの発展形である。近年，この日本語対応手話という表現が拡大解釈され，日本手話に対立する概念として使用されている。上記の市田（2008）もその例の1つであるが，ろう者の手話を強調する余り「その他大勢の手話」を日本語対応として片付けてしまった感がある。

　最近は減ったが，シムコムという表現もある。シムコムとは英語のSimualtaneous Communicationの略で同時法とよく似た理念である。シムコムが良いニュアンスで語られることはまずなく，聴者的手話のシンボルとして，あるいはろう的手話を害する存在として批判的に語られる。シムコムとは定義的には，口話と一緒に手話を提示することで，併用法と同じだが，ろう者の側からすると，口話に付随してくる不完全な手話（手話付口話）のことである。聴者が口話と手話を同時にすると，言語干渉の結果，どうしても手話が省略的になる。とくにピジン手話しか知らない聴者の場合，その手指表現はろう者には理解しがたいものになる。手話的コミュニケーションとしてはきわめて効率の悪い方法である。連想ゲームやクイズのヒントのような情報提示であり，日

本手話を使用するろう者には評判が悪い。

　日本ではシムコムも拡大解釈されているようである。断定できるような証拠はないが，いろいろな主張を聞くと，日本語対応手話やピジン手話もすべて含めてシムコムという人もいる。ろう者の手話を日本手話と定義し，それに対抗する手話をすべてシムコムと考えるのである。こうした二元論はわかりやすいが，言語現象を正しくとらえているとはいえない。上記の日本語対応手話と同じ発想である。このため日本語対応手話とシムコムの違いが議論になったりと，不毛な論争の種になっている。日本語と日本手話とその混合言語であるピジン手話が存在し，聴覚障害者は失聴時期，育った環境，教育歴，思想，信条などにより，いずれかの変種を習得している，という複合言語状態であるというのがノーマルな状況である。本書では手話を日本語との関係のみで分類することもなく，またろう運動としての政治的分類にも与(くみ)しない。社会言語学のセオリーに従い，使用者によって手話を分類したい。つまり，ろう者の母語となっている手話をろう者手話，数は少ないが中途失調者と難聴者が使用する手話を難聴者手話に分類する。そして，聴者は学習程度に応じ，ろう者手話，難聴者手話，ピジン手話，手話付口話を使い分けている。

使用者による分類

ろう者	難聴者
ろう者手話（日本手話）	難聴者手話（ピジン手話に近い）

学習レベルによる分類（聴者の手話）

初級レベル	中級レベル	上級レベル
手話付口話	難聴者手話（ピジン手話）	ろう者手話（日本手話）
簡単な語彙と口話	単語学習中心	独自の文法がある

　聴覚障害者や手話通訳のなかには，自分の手話が日本手話でないといわれることに納得しない人も多い。またピジン手話と呼ばれることに対しても抵抗が強い。ピジン言語はどこの国でも，正式の言語ではないとか，間違ったことばとかの偏見に晒されている。手話をことばと認めるならばピジン言語もことばと認めることが大切であると思う。ピジン言語には独自の文法があり，独自の

単語使用があるからである。ただ，残念なことに，まだ実態が充分わかっていない。いや，日本手話の実態すら充分にはわかっていないのである。より安定した評価の側に自分を置きたいという心理はよくわかる。

そのせいであろうが，中途失聴者やろう教育関係者には日本語対応手話という表現を好む人が多い。これは「聴覚障害者の言語である手話」という運動スローガンにも適合し，日本語をコミュニケーションの基本とするろう教育の理念にも合致するから，多くの人に受け入れやすい。

しかし，言語学という立場からみると曖昧で，日本人の好きな曖昧な決着のつけ方である。日本手話が1つの言語であるなら，日本語に対応する日本手話というのはありえない。英語対応日本語とか，日本語対応英語とはいわない。これは単語レベルでの直訳のことであり，現実の場で使用されれば，いわゆるブロークン英語である。言語学的にみればピジン英語で，1つの言語現象である。ピジン英語と日本語対応手話が違うのは，ピジン英語の場合は，英語話者と日本語話者が接触して発生するのに対し，ピジン手話の場合，日本語話者（聴者）とろう手話話者（聴障者）が接触して発生するのである。しかし，日本語対応手話とはろう教育でいう「手指メディア」による日本語表示のことで，あえて言語分類すれば日本語に属するだろう。文法は日本語だからである。ではなぜ手話と呼ぶかというと，手話単語を利用するため，手話に思えるからである。指文字や手話単語が手話そのものだと思っている人は多い。そこからくる誤解と，ろう運動スローガンや教育的配慮から，手話の概念を曖昧にしているのである。

このことを和製英語の例をとって考えてみる。日本にはマンションとかクーラーなど英語ではない和製英語が多い。シュークリームとかモーニングサービスなど複合語になると数知れないほどの和製英語が氾濫している。これらは英語というが，英語圏では通用しないし，第一，発音が日本語で，文字もカタカナという日本語なので，純粋に日本語である。外来語というのは音形や文字と意味を一緒にして借入する語で，コンピュータやミルクなどはそれにあたる。しかし，テレビ（テレビジョン）やマスコミ（マス・コミュニケーション）のように省略されてしまうと外国では通用しないので，外来語には違いないが，同化されてしまった日本語であるといえる。しかし，多くの日本人は和製英語も

英語だと思っているから，外国で使用してコミュニケーションに失敗して笑い話になっている。失敗しないためには，和製英語は英語ではなく日本語だという認識をもつこと。そして，本来の英語を学習することである。同じことが日本語対応手話についてもいえる。

　日本語対応手話には正確には2種類あり，語対応と音対応がある。語対応の場合，日本語の単語に相当する手話単語をみつけ，リストにしておき，利用する。これが現行の「手話辞典」のほとんどである。しかし，対応する単語がすべてみつかるわけではないので，手を加えて対応させる必要がある。もっとも簡単なのが指文字で1つひとつの音に対応させる方法で，これが音対応である。指文字は導入が簡単だが，同音異義語が多い日本語では誤解を招きやすいこと，また時間がかかることから，別の工夫を余儀なくされる。1つの解決法は漢字対応で，1つの漢字に1つの手話単語を当て，日本語の漢字をそのまま手指で表記するものである。これは音対応よりも速度は速くなるが，一方，発信者はつねに漢字を念頭に置きながら，しかも漢字と対応手話単語の対応表も学習して記憶しておかねばならないから，負担が大きくなる。もう1つの方法は指文字連続の省略で，実際に手話語彙になった例もあるが，頭文字だけの英語と同じで学習が必要である。こうした日本語を手指的に表現しようとする工夫と努力は「新しい手話」とも呼ばれ，手話語彙の増加には寄与した。

　こうした努力の根底は日本語を何とかして手指化したいということにあり，日本語を前提としたコミュニケーションの効率化であった。また仮に日本手話という認識があったにせよ，日本語から手話の一方的変換だけを目指しているのであって，手話から日本語への変換を目指すという認識はなかった。つまりは日本語こそがもっとも効率のより情報伝達手段であり，日本手話でも同様の伝達が可能であること，またろう者の情緒的側面までには思いが及ばなかった。情報化社会を標榜（ひょうぼう）する現代ではやむをえなかったのかもしれない。

　こうして次々に作られた新しい手話や日本語対応手話は和製英語と同じく，それを手話と思い込んでいる聴者や日本語を母語とする聴覚障害者には利用できるが，日本手話を使用するろう者には困惑する存在になった。日本手話の辞典はほとんどなく，手話辞典といえば日本語対応手話リスト，会話では手話付口話やピジン手話が使用されることが多く，自分たちのことばは正式なもので

はないと思うようになるのも無理はない。次第に聴者の前では使わないようにして，自分たちの間だけのことば，符丁のような使われ方をするようになる。そういう傾向に対して，アメリカやヨーロッパの事情を学んだろう者が疑問をもつようになるのは当然の結果である。近年の日本手話の過剰強調はその反動であるといえよう。そしてその過剰強調は同じ聴覚障害者である難聴者や手話を母語としないろう者を苦しめているという現実がある。

　本書では，以上のような手話の歴史と社会現象を分析し，「使用者別の手話変種」という分類方法を提案し，すべての変種を公平に扱うことを提案したい。そのためには，日本手話と日本語対応手話という二分法をやめ，現在利用されているすべての手話を包括した「現代手話」という概念を提案する。また現代手話に対立する概念として，従来伝統的手話と呼ばれてきた変種を古典手話とする。ろう者も世代により，より多く古典手話を使用する人々と，より現代手話を使用する人々がいる。現代手話は日本語からの借用や新しい手話を多く含み，語彙は古典手話に比べ大きく変化し，音韻的変化も大きいが，文法においてはそれほど変化がない。

　現代手話には使用者による変種のほか，聴者が学習過程において発生させる中間言語も含まれる。この概念を図示すると以下のようになる。

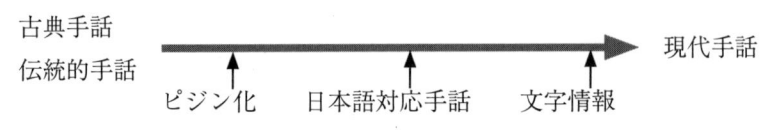

```
古典手話
伝統的手話  ─────────────→  現代手話
           ↑        ↑        ↑
          ピジン化  日本語対応手話  文字情報
```

現代手話＝ろう者手話＋難聴者手話＋聴者の学習する中間言語

5　世界の手話

　手話は世界共通だという誤解がある。手話を知らない人の多くがこうした誤解をするが，その原因は，手話は身振りであり，身振りは世界共通だという認識があるためであろう。この認識は2つとも誤りである。身振りには本人が無意識のうちに発信する非言語行動と，何かの意味を身体的行動により表現する場合とがあるが，前者は手話をするろう者にも現れ，無意識的であり，手話と

は区別される。後者がよく手話と誤認されるが，身振りの場合，表そうとする意味と行為との関係は不安定で曖昧である。マクニール（McNeil, D.）をはじめとする身振りの研究によれば，発話と身振りには密接な関係があるが，発話者はそれを意識していない。手話の場合，動作と意味の関係は安定している。また，身振りを連続して表すことで文に相当する内容を表現することは不可能に近いが，手話は文を表現する。もう1つの誤解である身振りは世界共通だという誤解だが，身振りは文化として後天的に学習されるものであることを知れば，その誤解も解ける。

5.1 手話記号の恣意性と有契性

手話が世界共通でないことは実例を見ればすぐ理解できる。「木」という日本手話に相当する外国手話を，アメリカ，中国，ドイツを例に比べてみる。

木《日本手話》 　　　　　木《アメリカ手話》

木《中国手話》 　　　　　木《ドイツ手話》

本　　　　　　　　　見る

　これらの手話はいずれも実際の木の一部を手で表現しているのだが，説明されないと理解できない。つまり，手の形や動き（「木」という手話形）と意味（木）には関係があることが想像でき，これを記号の有契性という。音声言語では擬音語には有契性があるが，ほとんどの語には音と意味とには有契性がない。有契性がなく音と意味の組み合せ方が自由であることを「記号の恣意性」という。上記の各国の手話をみると有契性があるのだが，それでも国ごとに木のとらえ方が異なるという恣意性もある。つまり有契性と恣意性は完全に対立する排他的概念ではなく，別々の概念であり複合化が可能である。音声言語の場合，恣意性のみが強調されてきたが，擬音語のように有契性のある記号もあり，擬態語のように有契性が低いが感じられる記号もある。手話の語は恣意性があるが，有契性が高い語が多い。
　反対に，手の形や動きとその意味の関係が直接的で誰にも同じ意味に理解できるような場合を「透明的」という。たとえば，両手を開く「本」という手話は本を知る人なら誰でも容易に想像できる。「見る」もすぐわかる。透明性は有契性がきわめて高いことといえる。
　こうした透明的な手話ならすべて世界共通かというとそうでもない。数字の手話ですら同じではないのである。右の「3」を参照されたい。
　手話の世界では「写像性」（図像性ということもある）の問題がずっと議論されてきた。手話の手の形や動きは何か物の形を型取っているようにみえる。たとえば「木」では両手で木の幹を表現しているといわれているが，このことを写像性があるといい，これが手話ということばの特徴であるとされている。し

3《日本手話》 　　　3《アメリカ手話》 　　　3《中国手話》

かし写像性という概念は曖昧である。ここでいう写像性は記号の有契性といい換えてもよい。音声言語ではほとんどの言語記号が恣意的なのに，手話では多くの言語記号が写像的だという主張は，手話が特殊なことばである，あるいは手話はことばではない，という印象を抱かせる。言語記号の恣意性というのは，記号は表すもの（形式）と表されるもの（意味）から構成されており，この両者の関係に必然性はないということである。たとえば，同じものを日本語で木（キ），英語で tree，ドイツ語で baum，フランス語で arbor というが，それは各言語の表すもの（形式）つまり音とその意味つまり木とには必然的関係がないということである。しかし，手話の場合，記号に有契性がある，つまり「恣意性が低い」という議論がある。この議論の誤りは言語記号の恣意性はあるかないかの問題であり，高いとか低いとかいう程度の問題ではないということにある。手話の言語記号としての恣意性は，上記に示したように，各国の手話を比較すればすぐに，あることがわかる。

　しかし，一方では手話には有契性があることも事実である。日本語にも擬音語や擬態語など，有契性をもつ語がたくさんある。手話とは程度の差であるということにすぎないのだが，もう少し分析してみると手話ということばの特徴がわかってくる。実は擬音語も世界共通ではない。有契性はあるが音のとらえ方，そのものがすでにその言語の特徴をもっているのである。手話単語の有契性もそれと同じである。したがって，手話の言語記号も恣意的であるという点では，人間の言語としてまったく同じ特徴をもっているといえる。では，手話にはなぜ有契性をもつ記号が多いか，それは手話が視覚言語だからである。音声言語は一時に１つの音しか使えず，あとは時間の経過にそって配列することでことばを作り上げていく。したがって，音が連続する場合のみ，記号化でき

るので，配列順序という抽象的な記号の組み合わせによって，その意味を表していくしかない。音が形態素を構成する段階で抽象性があり，形態素が語を形成する段階でも抽象性が高まる。語が集まって句を作り，句が文を形成していく段階でも抽象性が高まっていく。そのしくみについては2章で学習するが，音声言語は「抽象のはしご」をどんどん登っていく。そのため学習も大変である。しかし，視覚言語の場合，同時に3次元空間が利用できるし，2つの手，身体，表情と多くの道具を使える。丸いもの，四角いものなど，一瞬で表現できる。したがって有契性のある記号が多いのである。この有契性という機能を高度に利用したCLという形態素が手話を特徴づけていることは後述（2章3）する。手話のもつ有契性の高さ，いい換えれば抽象性の低さは学習には便利である。

　言語記号にとって有契性のあることは，伝達上も有利である。音声言語記号は抽象性が高く，また文法はさらに抽象性が高くなるため，抽象性の高さ，論理性の高さが言語発達の程度のように一般に思われている。たしかに知識の伝達にはその方がよいこともあるが，言語の役割には知識の伝達だけでなく，意図や感情の伝達などの役割もある。意図や感情の伝達には有契性のある記号が役に立つ。外国で言葉が通じない時，身振りや絵などの有契性のある表現を使うのは，こうした言語機能を利用しようとする本能なのであろう。

　手話を学習すると，外国でことばが通じない時に，身振りでコミュニケーションしようとする経験が誰にもある。これは身振りのもつ有契性を利用しようとするからであろう。事実，この方法はある程度成功する。また，相手が手話を知っている場合はよりうまくいく。ろう者同士の場合はかなりコミュニケーションがうまくいくという。この場合は同じろう者同士という連帯感がそれを促進しているかもしれないが，手話そのものに伝達機能があることはたしかで，それは手話単語の有契性の利用法をお互いによく心得ていることと，空間を利用する文法の利用法が巧みであるからに相違ない。

　手話は世界共通ではない。しかし，そのしくみを理解し，手話を習得すると音声言語が通じない場合のコミュニケーション方法がうまくなる。つまり手話そのものは通じないが，手話がもっているしくみや，ことばとしての使い方を応用することができるのである。この応用力は外国手話の学習には，さらにう

まく作用する。外国語学習の困難さは発音と文法に集約されるが，外国手話学習ではその苦労がはるかに少ない。しかし，実際に外国手話学習の機会が少ないのは，その間に音声言語が介在するからである。たとえば，日本のろう者がアメリカ手話を学習する場合，アメリカの聴者向きに英語で書かれたテキストやビデオを使うため，英語が介在する。もっと状況が悪いと，日本語と英語が介在することもある。英語をわざわざカタカナで書いたりする。間に2つも別の言語が介在しては学習が困難になるに決まっている。もし，日本のろう者が直接にアメリカ手話を学ぶことができれば，習得はやさしいはずである。実際，アメリカで手話を学んだ人もいる。アメリカで生活するうえで必要な手話の習得は簡単らしい。問題は英語の必要である。同じ聴覚障害者でも日本語が母語である場合は余計苦労するらしい。音声言語の介在は手話習得に邪魔になる。

5.2　アメリカ手話と手話の系統

外国手話といえばまずアメリカ手話が浮かぶ。その発想のもととして英語が世界共通言語であるという認識がある。手話を知らない人のなかには「英語手話」という人もいる。これは誤りである。アメリカにはアメリカ手話，イギリスにはイギリス手話があり，別の言語である。英語圏で同じ手話を使っているのではないため，英語手話というものは存在しない。音声言語と手話は分布が異なる。これはろう教育と大いに関係がある。

アメリカ手話は前記（p.29）に示したように，それまであった土着手話に，1817年ろう教育者ギャロデット（Gallaudet, T.）がフランスから連れてきたろう者クラーク（Clerc, L. フランス名クレール）から始まったフランス手話が混じって出来上がったものとされている（Baker, C. & Cokely, D., 1980, pp.48-53）。

アメリカがフランスから手話を輸入したのには理由がある。ギャロデットは最初イギリスに渡り，ブレイドウッド家のろう学校で口話法を研究するつもりであったが，当時のイギリスろう教育は口話法の秘密主義で彼を拒否した。そこで彼はたまたまフランスのシカール（Sicard, A.）に出会い，フランスに渡って手話法を勉強して，モデル兼教師を連れ帰り，コネチカット州ハートフォードにアメリカ最初のろう施設を設立したのである。

ろう教育は17世紀のスペインに始まり，18世紀にフランスに伝わり，ついで

ヨーロッパに広がった。フランスのろう教育法が広がった背景にはナポレオンのヨーロッパ支配と関係がある（神田和幸，1986）が，19世紀にはドイツで口話法が開発されると，手話法（フランス）と口話法（ドイツ）が覇権を争うことになった。結果として1880年のミラノ会議で口話法が勝利をおさめるが，その背後にビスマルクの影響があったことが知られている（神田，1986）。つまり，ろう教育と政治には大きな関係があったのである。

　音声言語の分布は民族の分布にほぼ等しい。しかし手話の場合はろう教育との関係が分布と関連をもつ。たとえば，現在，中米や南米，アフリカにアメリカ手話が広がっているが，それはろう教育研修にアメリカへやってきた人々やろう教育普及に現地に派遣されたアメリカ人がアメリカ手話を普及しているからである。ことにいろいろな民族が入り交じった地域では仮に土着の手話があっても，その1つだけを標準手話として採用するわけにはいかないし，その手話が教育に向くだけの語彙をもっていないことが多い。結局アメリカ手話が便利なのである。そのため現在アメリカ手話が世界的に広がっている。この状況は，植民地時代に英語やフランス語，スペイン語が世界に広がったのと似ている。政治と教育が言語に大きな影響を与える実例である。日本でもかつてそうした植民地的言語政策をとった時代もあったが，現在の日本人は政治と言語との関係を理解しない人が多い。

　アメリカ手話はフランス系だが，結局，アメリカの政治力が英語と同じ世界語的役割を果すようになった。その意味では，間違いではあるが「英語手話」という感覚は意味をもっているともいえる。

　手話の系統を知るには語彙比較などの研究が必要だが，手話は有契性が高いため，音声言語のような音韻比較による単純比較では系統を知ることは難しい。しかし，ろう教育の影響を知るには指文字の系統を知ることである程度わかる。アメリカろう教育はフランス指文字を導入している。英語圏にはイギリス指文字があり，オーストラリアなどではイギリス指文字を用いている。イギリス手話とオーストラリア手話に類似がみられるのにはろう教育の影響があることが理解できる。

　しかし，日本の場合はそれほど単純ではない。日本の指文字はアメリカ指文字の影響を受けた部分と独自に開発した部分が混在している。日本の手話は土

着手話としてろう教育以前に存在しており，ろう教育に手話を導入する際に外国手話は不要であった。このことはあまり評価されていないが，土着の手話でろう教育が可能であった国は稀少である。日本は世界的には特殊な言語を発達させてきたが，文字も独自に開発してきたし，独自性の強い文化をもっている。

　蛇足だが，日本の特異性は海外に出ると実感できる。食べ物，行動，感性など日本独特なものが多い。とくにオリジナルな組み合わせを作ることがうまい。カレー，トンカツ，ハンバーグなど洋食と呼ばれているものは海外にはない純粋な日本食である。もとはたしかに西洋料理だったものをうまく改作している。こういう食品は意外に多い。あんパンなどの菓子パン，ソース，ラーメン，餃子などのほか，果物，野菜ももとからするとかなり改作して独特なものにしている。欧米の感覚なら，これらはオリジナルなのだが，ゼロからの開発でないとオリジナルとは考えないのも日本の文化であろう。創造の世界である音楽，美術などの芸術は物真似から始まる。IT世界では組み合わせに創造性をみいだす。日本は物真似と自己卑下するが，実はオリジナルなものつくりがうまい国民である。漢字も輸入したまま使用するのではなく，仮名を作ったり，日本独自の漢字も創作した。近年は和製英語も次々に創作している。この改作技術の伝統が至る所にあり日本の独創性を発揮しており，手話世界にも影響を与えている。日本指文字の創作もその伝統の延長線であろう。結果としては手の形の創作だけでなく，濁音，半濁音，長音，促音などが方向と動きによって表記されるという独特の方式を創作し世界的にも類例のない指文字をもっている。日本の指文字は片仮名をベースに考案されたことは明らかだが，もし片仮名がなかったら，つまり日本語がアルファベット表記される言語であれば，アメリカ指文字がそのまま使用されていたことであろう。しかし指文字は片仮名の真似や象形ではなく，ほとんどが独創的な創作である。日本文化に立脚したオリジナルであり，もっと評価されてもよいと思う。

　しかし，ろう者の多くが指文字は日本語であり苦手である，と思う意識が拡がり，否定的な印象をもつ人が多い。その印象を学習し，指文字は手話ではない，と思い込む人がかなり多いが，誤った認識であり，指文字はろう世界がつくり出した文化である。「指文字はろう文化である」と主張すると抵抗感をもつ人が多いであろうが，手話に対する認識も含めてろう文化とは何かを再認識

するための1つの試金石である。

　日本手話が台湾手話や韓国・朝鮮手話に影響を与えたことは知られているが，日本手話がどこかの影響を受けたという研究はない。近年，アメリカ手話から借入した語（「コミュニケーション」など）が少しあるだけである。日本語が独特であるのと同様に，日本手話は独特の存在であることをもっと認識してもよいであろう。

5.3　国際手話と共通手話

　全日本ろうあ連盟は世界ろうあ連盟の選定したジェストゥーノ（Gestuno）を国際手話と命名し，普及を推進してきた。このジェストゥーノはエスペラントと同じ発想で，特定の手話によらず人工的に工夫されたものである。エスペラントと違うのは，文法がないことである。つまり，ジェストゥーノは共通語彙集である。特定の国の手話を使わないので，すべての人に平等という理念は正しいが，実際には欧米の手話，とくにフランス系手話が優位のようであり，エスペラントが欧米系言語優位であったのと同じ欠陥をもつ。それは語彙を選択するのが欧米人であるから当然なのかもしれない。

　ジェストゥーノは世界ろうあ連盟の大会などでは利用されているらしいが，一方ではアメリカ手話を共通手話に用いる場合も多い。厳密にはアメリカ手話そのものではなく，少し自分の国の手話風にアレンジしたものである。この傾向はフランス系手話を用いている国によく見られる。もとが同じだから，アレンジしやすいのかもしれない。彼らはこのヨーロッパで発生したといわれるアメリカ風手話を International Sign Language つまり国際手話と呼んでいる。ことにアメリカ留学の経験があるろう者の間にこうした傾向が広がっている。その原因は ISL が単なる語彙集ではなく，自然言語に近いため，会話として使いやすいことにあろう。理念と実際とは一致しないことが多い。平等を目指すジェストゥーノの普及がそれほどでもないのは使いにくさにあるのかもしれない。

　日本のろう者における国際手話の普及はどの程度なのか，はっきりしないが1991年東京で開かれた世界ろう者会議までは，学習者も多く学習熱も上がっていたが，その後は冷めていったようである。ジェストゥーノの例が示すように，

言語の選択は政治的利用や運動によってなされるわけではない。日本でも「手話の標準化」を目指して，全日本ろうあ連盟は「わたしたちの手話」を発行し続けているが，新しい手話として発表された創作手話はそれほど普及していない。自然言語は運動により拡がるのではなく，その言語の使用者が必要に応じて創作していくなかで自然に選択されていくものである。特定の表現を強制しようとしても成功しない。ろう者のなかには栃木の同時法的手話を人工的として批判する人もいるが，「わたしたちの手話」を人工的として批判しない。つまり「聴者が作るのは人工的だが，ろう者が作るのは自然」という矛盾した思想になっている。民族運動の延長線であれば，そういう理解もあるかもしれないが，科学的に思考すれば，ジェストゥーノも人工的手話語彙であり，「新しい手話」も人工的語彙であることに変わりはない。

　新たに創作した語彙であっても自然に感じられるのはどういう表現であろうか。一般にはその言語を母語とする使用者が創作し，その言語集団で使用するなかで普及していく。手話の場合，母語話者が極端に少なく，集団内での使用は限られ，集団があちこちに離散しているため，地域方言になりやすい。つまりは地域方言のなかに創作的な手話が存在している可能性が高い。ろう者手話マスコミも稀少で全国的標準手話が形成される素地は少ない。全国ネットのテレビなどで普及していくのはピジン手話を中心とした現代手話である。結果として手話辞典などに掲載されていく手話表現はピジン手話語彙が多いため，地域の手話とは違いが生じている。もっとも顕著なのが地名の表現である。全国の地域手話の文献を見ると，地名の掲載が圧倒的に多い。地域手話の編集者は「標準手話」と同じものは掲載せず地域独特の手話を掲載する。目立つのが地名ということになる。地名表現は日本語では統一的で地域ごとに異なる地名で呼ぶことは滅多にない。漢字の読み方が独特である程度であるが，手話では県名などを除き，地域でないとわからない地名手話が多く存在するが，説明を聞くとなるほどと思うようなものが多い。ろう者の創造であることをうかがわせる。しかしこれらの表現も一定の規則にしたがって創作されている。それが手話の語形成の仕組み，つまり形態論であり，音韻論である。音韻論と形態論については次章で考察するが，母語話者はそのしくみを本能的に判断し利用できるが，非母語話者であってもそのしくみを知っていれば，母語話者にも受け入

れられる語を創作できる。逆にいえば，創作された手話で受け入れられている手話はそのしくみにしたがっているといえる。

　共通言語を創出しようとする時，あるいは標準化を考える時に参考になるのが，国際英語という思想である。従来は International English という統一言語の普及をアメリカやイギリスが推進してきた。それは自らの言語を使用するうえで有利であり国際的な交渉では圧倒的優位に立つからである。しかしこれは言語帝国主義であると批判され，現在では International English といえど，特定の語彙使用が義務づけられ，英語母語話者といえども学習を余儀なくされる。その語彙はなまりがあっても理解でき，一義的な語が選択されている。たとえば「たばこの火を消してください」は「Please extinguish your cigarette.」のような表現になる。Put it off のような表現は使わない。航空機内などで聞くことがあるかもしれない。しかし，これでも英語母語話者が有利であることには変わりがない。そこで近年は World Englishes のような思想が受け入れられている。英語の語尾が複数形になっていることに注意してほしい。その意味は英語にはアメリカ英語やイギリス英語だけでなく，ジャマイカ英語やシンガポール英語など，日本人はよくわからないような英語が世界のあちらこちらで使用されており，それらをすべて同等の英語と認めるという思想である。ジャマイカ英語やシンガポール英語はもともとはピジン英語であったが，ピジン英語への偏見を改め，英語として同等であることを認めるという複合文化主義の流れにそったものといえる。つまり，アメリカ国内において，以前はアングロサクソンの英語で国内を統一しようという同化主義から，黒人英語，ヒスパニック英語，先住民英語など多くの英語の変種の存在を認める複合文化主義へと変化が起きたことに関連している。ろう教育で主張される手話による教育，バイリンガル・バイカルチュラル教育もその潮流にあることを認識しておきたい。つまり，ろう教育に手話の導入を主張する一方で，その手話を限定することは思想的矛盾であるということである。実際，言語を制限することは不可能である。

　手話にもろう者手話だけでなく，難聴者手話やピジン手話が存在する。ろう者手話至上主義に陥ると外向けの論理と内向けの論理で自己矛盾を生じることが予想されるのである。

詳細はわからないが国際手話（ISL）にもいろいろな変種が生じていると聞く。それは文化複合主義の結果であろう。日本では統一的な方向が好まれるというか，同化主義的傾向が強く，口話主義がいまだ強いのはその証左であろう。その影響かどうかわからないが，手話世界においても同化主義が強く，ろう者手話（いわゆる日本手話）至上主義が拡がっている。共通表現の普及は同化によって成功することはなく，いろいろな変種を認めた複合主義によってのみ効果があることを考えるべきである。具体的には使用者による変種や地域方言などを積極的に採り入れ，すべての人がお互いに学び合うことが大切である。特定の手話表現を強制するようなやり方では成功しない。

参考文献
市田泰弘他「日本手話母語話者人口推計の試み」『日本手話学会第27回大会予稿集』2001年
神田和幸『指文字の研究』光生館，1986年
神田和幸「北米インディアンの身振り言語」『目白学園女子短期大学研究紀要』第14号，1977年
神田和幸・木村勉・原大介「日本の聾者人口の推計」『日本手話学会第34回大会予稿集』2008年
木村晴美『日本手話とろう文化』生活書院，2007年
京都府立盲学校創立百周年記念事業委員会編『古川氏盲啞教育法』（復刻版）京都府立盲学校創立百周年記念事業委員会，1978年
佐々木倫子監修，全国ろう児をもつ親の会編『バイリンガルでろう児は育つ』生活書院，2008年
田上隆司・森明子・立野美奈子『手話の世界』日本放送出版協会，1979年
Anderson, L. B. "Universals of Aspect and Parts of Speech : Parallels between Signed and Spoken Languages." Hopper, P. J. ed., Tense-Aspect: Between Semantics and Pragmatics. Amsterdam and Philadelphia: John Benjamins, pp.91-114, 1982
Baker-Shenk, C. & Cokely, D. American Sign Language : a teacher's resource text on grammar and culture. T.J.Publishers, 1980
Groce, N.E. Everyone Here Spoke Sign Language. Harvard U. Press, 1985
　（佐野正信訳［『みんなが手話で話した島』築地書館，1991年）
Kuschel, R. "The Silent Inventor : The Creation of a Sign Language by the Only Deaf-Mute on a Polynesian Island." SLS 3, pp.1-27, 1973
Morris, D. Manwatching. Elsevier Publishing Project, SA, 1977

(藤田統訳『マンウォチング』上下,小学館,1991年)
Smith, W. The Morphological Characteristics of Verbs in Taiwan Sign Language. Ph.D. dissertation, Indiana University, 1989
Smith, Wayne H. "China Republic of." Van Cleve, J. V. ed., Gallaudet Encyclopedia of Deaf People and Deafness, Volume 1:A-G. New York McGraw-Hill, pp.184-187, 1987a
Smith, Wayne H. "Taiwanese (in Sign Language)" Van Cleve, J. V. ed., Gallaudet Encyclopedia of Deaf People and Deafness, Volume 3:S-Z. New York McGraw-Hill, pp.113-116, 1987b

第2章　手話のしくみ

　ことばのしくみを研究するのが言語学である。ことばのしくみを研究する際に，各言語にはそれぞれ独自のしくみがあるとする立場と，人間の言語には一般的に共通するしくみがあり，一部が異なるにすぎないという立場がある。現在の言語学は後者の立場に立つ人が多い。同じ日本語を研究するうえでも，国語学は前者に近く，後者の立場に立つ人はそれを日本語学と呼んでいる。
　手話学は後者の立場に立つと考えてよい。つまり，日本語や英語のような音声言語だけでなく，手話のような視覚言語にも「人間の言語として共通なしくみがある」と考えているのである。手話が人間のことばであることを証明するには，もちろん前者の立場に立っても立証可能であるが，後者の立場に立てばより理解しやすい形で証明できるという利点がある。
　一般言語学は，人間のことばのしくみを研究する分野だが，慣習的にまず文を基本単位と考え，文がさらに小さな意味単位である語または形態素から構成され，その形態素は意味をもたない音素という音の単位から構成されていると考える。文が形態素からつくられていることを言語学では「文が形態素から分節される（articulated）」といい，同じ意味で「形態素は音素から分節されている」という。つまり「語は音からできている」という世間の常識に反して，文は二重に分節されていることが人間の言語の特徴の1つであるというのである。この二重分節は理解しにくい概念だが，ことばと身振りの違いや，ことばとそれ以外の記号との比較をする上では重要な概念である。このことは手話のしくみを学習すればその重要性が理解できるが，いまは単純に「語より小さな意味単位がある」ことと「音には意味がない」ことだけを理解すればよい。
　いわゆる文法は音声言語では語形変化や語順などで示される。つまり語ないしそれ以上のレベルの問題である。

つまり一般言語学では，文を中心として，語より小さな2つのレベルと語より大きなレベルの3つにわけて分析するのが慣習となっている。この枠組みが適当かどうかは早晩問題となってくるが，とりあえず伝統的手法にしたがって，手話学では手話を音韻論，形態論，統語論の3つのレベルにわけて考察していく。本書でも，まずこの古典的枠組みによる手話学を学習し，理解を深めたうえで，現在の手話学，あるいは将来の手話学を考えていきたい。

1　音韻論

　手話には文字がない。日本語には仮名と漢字があり，仮名が表音文字，漢字は表意文字という世界に例がない複雑な文字体系といわれる。英語はアルファベットという表音文字だけである。仮名が表す音とはアからンまでの五十音に濁音，半濁音，促音，拗音を加えたものである。だいじなことは音自体には意味がないということである。アという音は啞，阿などの漢字が充てられるが，これらは単音の漢字であり，アという音自体に意味があるわけではない。もっとわかりやすいのは，ンという音はあるがそれにあたる漢字はなく，ンには意味もない。つまり，表音文字は意味をもたない単位である音を表記する記号である。人間の言語は意味をもたない音という単位が複雑に組み合わさって，文という意味のある単位を構成している。文字には漢字のような表意文字でも音を表記する機能がある。

　手話を表記する文字を創作するとしたら，その文字には表音機能がなくてはならない。では，手話の音とは何だろうか。この単純な疑問は，実は手話をどういう言語と考えるかという根本的な問題なのである。常識的に考えれば，手話は視覚言語だから，音声言語のような音という概念は合わない。したがって手話には「音に相当する何か」意味をもたない単位があり，その単位を表記する方法を考えればよい，ということになる。ではその単位とは何かが次に問題となる。この立場は「手話には音声言語と似たような構造がある」という立場である。一方，音声言語と視覚言語はまったく違うものだから「手話には音声言語とはまったく違う構造がある」という立場もある。また，人間の言語の一般構造はすべて同じであるから「手話には音声言語と同じ構造がある」という

立場もある。つまり言語構造が「似ている」のか「違う」のか「同じ」なのかによって扱い方がまったく違ってくる。結論から先にいうと，言語学者の多くは「同じ」という立場に立つ。人間のことばの基本構造はすべて同じであるという「言語普遍論」が多くの学者によって支持されている。一般常識とは逆になっていることに注目したい。反対に「違う」という立場に立つと，手話は音声言語とは違うことばということになり，人間の言語には2種類あることになる。この考えは手話は言語ではないという考えを促進することになる恐れがあり，また手話差別を助長する恐れもある。「似ている」という立場は折衷的だが，結論を曖昧にする。いずれの立場が正しいかの判定はすぐには出ない。

1.1 手話表記法

考え方の違いが方法を大きく変えることは事実だが，実際に研究作業を続けていくなかでその考えが正しいかどうかを実証することが可能である。そこで，これまで実際に開発された手話の表記法をみていくことで考えてみよう。

a ストーキー法

手話を世界ではじめて言語学的に研究したのは，アメリカのストーキー (Stokoe, W.C.) である。彼は手話単語が「手の形 (Dez)」，「位置 (Tab)」，「動き (Sig)」の3つの要素から構成されていると分析し，この要素をケリーム (動素) と命名した。そしてケリーム1つひとつに記号を与え，その記号を用いて手話単語を記述し，世界最初の「アメリカ手話辞典 (DASL = A Dictionary of American Sign Language, 1965)」を出版した。このケリームによる記述法をストーキー法といい，60-61ページのような表になっている。

位置の記号は，身体部位がなんとなく想像できそうな特殊記号を考案している。手の形の記号はアメリカ指文字を基本に，多少の補助記号をつけている。

動きも方向や動き方が想像できるようになっている。表には3つのケリームの他に手の形の方向を示す方法や動きの細部を示す方法も示されている。

ストーキー法の記号は活字にない記号が多く，手書きに向いているようである。実際の表記をみると，記号が上下に重なることがあり，活字化するには不向きな場合がある。現在では，特別にフォントを作成しパソコンなどで使用できる可能性があるが，それでも上下に重ねるには工夫がいる。文字の代りに使

表2-1　ストーキー式手話表記法

Tab symbols
1. Ø   zero, the neutral place where the hands move, in contrast with all places below（中立空間）
2. ∩   face or whole head（頭部全体）
3. ∧   farehead or brow, upper face（額，頭の上部）
4. ⊔   mid-face, the eye and nose region（顔の中央，目と鼻）
5. ∪   chin, lower face（あご，顔の下部）
6. ɜ   cheek, temple, ear, side-face（ほほ，耳，顔の横）
7. π   neck（首）
8. []   trunk, body from shoulders to hips（胴，肩から腰）
9. ⌄   upper arm（上腕）
10. ∫   elbow, forearm（ひじ，腕）
11. ɑ   wrist, arm in supinated position (on its back)（手首）
12. ᴅ   wrist, arm in pronated position (face down)（手首）

Dez symbols. some also used as tab
13. A   compact hand, fist; may be like 'a', 's', or 't' of manual alphabet（握りこぶし）
14. B   flat hand（手刀の形）
15. 5   spread hand; fingers and thumb spread like '5' of manual numeration（5指を開いた形）
16. C   curved hand; may be like 'c' or more open（C形に曲げた形）
17. E   contracted hand; like 'e' or more clawlike（親指に4指をつけた形）
18. F   "three-ring" hand; from spread hand, thumb and index finger touch or cross（親指と人さし指をつけ，残りを立てた形）
19. G   index hand; like 'g' or sometimes like 'd'; index finger points from fist（人さし指を立てた形）
20. H   index and second finger, side by side, extended（人さし指と中指をつけて立てた形）
21. I   "pinkie" hand; little finger extended from compact hand（小指を立てた形）
22. K   like G except that thumb touches middle phalanx of second finger; like 'k' and 'p' of manual alphabet（親指を中指の関節につける）
23. L   angle hand; thumb, index finger in right angle, other fingers usually bent into palm（親指と人さし指を立てた形）
24. 3   "cock" hand; thumb and first two fingers spread, like '3' of manual numeration（親指，人さし指，中指を立てた形）
25. O   tapered hand; fingers curved and squeezed together over thumb; may be

like 'o' of manual alphabet（全指先をつけて丸を作る）
26. R   "warding off" hand; second finger crossed over index finger, like 'r' of manual alphabet（人さし指に中指を重ねる）
27. V   "victory" hand; index and second fingers extended and spread apart（人さし指と中指を立てた形）
28. W   three-finger hand; thumb and little finger touch, others extended spread（人さし指，中指，薬指を立てた形）
29. X   hook hand; index finger bent in hook from fist, thumb tip may touch fingertip（人さし指を立て，曲げた形）
30. Y   "horns" hand; thumb and little finger spread out extended from fist; or index finger and little finger parallel（親指と小指を立てた形）
31. 8   (allocheric variant of Y); second finger bent in from spread hand, thumb may touch fingertip（親指先と中指先をつけ，残りの指を立てた形）

Sig symbols

32. ʌ   upward movement（上方） ⎫
33. v   downward movement（下方）⎬ vertical action（垂直運動）
34. ɴ   up-and-down movement（上下）⎭
35. >   rightward movement（右）⎫
36. <   leftward movement（左）⎬ sideways action（左右運動）
37. ≷   side to side movement（左右）⎭
38. T   movement toward signer（手前）⎫
39. ⊥   movement away from signer（前方）⎬ horizontal action（前後運動）
40. I   to-and-fro movement（前後）⎭
41. ɑ   supinating rotation (palm up)（掌の上）⎫
42. ɒ   pronating rotation (palm down)（掌の下）⎬ rotary action（回転運動）
43. ω   twisting movement（ひねり）⎭
44. ŋ   nodding or bending action（うなづき）
45. □   opening action (final dez configuration shown in brackets)（開放）
46. ♯   closing action (final dez configuration shown in brackets)（閉鎖）
47. ⱴ   wiggling action of fingers（指のひらひら）
48. ⊚   circular action（クルクル回す）
49. ⊃⊂   convergent action, approach（接近）⎫
50. ×   contactual action, touch（接触）   ⎪
51. ⊐⊏   linking action, grasp（つなぐ）   ⎬ interaction（相互動作）
52. ⧺   crossing action（交差）   ⎪
53. ⊙   entering action（挿入）   ⎪
54. ÷   divergent action, separate（分離） ⎭
55. ↔   interchanging action（交互）

用するには問題があるが，手話が記述できるという意味で研究者のなかにはいまでも使用する人がいる。

ストーキー法は「似ている」という立場で，手話には意味をもたない単位があるが，その単位は音ではないと考える。また，外国手話を意識していないので，アメリカ以外の手話に応用する場合は修正が必要になる。国際音声記号のような普遍性はないが，手話から引く辞典をはじめて創作したのである。

b 音声表記法

音声言語の表記法には国際音声記号（IPA = International Phonetic Alphabet）という普遍的に音声を記述する方法がある。その前提として，言語音を音韻的（phonemic）レベルと音声的（phonetic）レベルに分けることを学習したい。

日本語の「ん」は日本語話者には1つの音として認識される。たとえば，「しんし（紳士）」「しんぶん（新聞）」「しんごう（信号）」の「ん」に違いがあるとは思わない。しかし音声学的にはそれぞれ別の音である。日本語話者には，五十音のタ行はa, i, u, e, oの母音とtという子音の組合わせのような認識がある。しかしヘボン式ローマ字表記をすればta, chi, tsu, te, toとなることからもわかるように，チとツの子音はtではない。このように母語話者の意識に認識される音を音韻，客観的に識別される音を音声といい，言語学では区別する。別の表現をすれば，音韻的とは主観的，音声的は客観的，あるいは音韻的は心理的，音声的は物理的ということもできる。音韻はその言語の母語話者しか認知できないが，音声はむしろ母語話者でない方が認識しやすい。学問的にはどちらの視点も重要であり，両者を比較することでその言語の音韻構造が明確になる。

日本手話の場合，〈考える〉〈嘘〉〈私〉などの手話単語の手の形は人さし指だけを立てた形だが，手話者はその音声的違いを意識しない。しかし，よく観察してみると，指の曲り具合や向き微妙に異なる。手話初心者はこうした手の形の違いや位置の違いなどが非常に気になる。これは手話の客観的に音声的違いを認知しているからである。

どの言語でも表音文字は音韻的表記記号である。したがって，文字による表記はその言語の表記だけにかぎれば便利であるが，言語間の比較や言語一般の

理論を考える時には不向きであり，国際音声記号が必要になる。手話についても同じことがいえ，特定の手話の構造を研究するには音韻表記が便利だが，手話言語一般，さらに音声言語と手話言語の両方を含めた言語一般について考察するには音声表記記号が大切である。現在のところ，手話の国際音声記号は制定されていない。しかし，アメリカ手話，イギリス手話，スウェーデン手話，日本手話については音韻表記記号が考案されている。本書では日本手話についてのみ，紹介し，それ以外については神田和幸（1994）などを参照してほしい。

1.2 日本手話の音韻表記法

　手話の音韻を表記するためには，手話の音韻構造がわからないと表記できない。音韻表記と音韻構造分析は表裏一体の関係にある。表記記号が適当であるかどうかは分析の正確さを直接に反映している。

　日本手話の言語学的表記研究は神田・本名・小田・加藤（1984）に始まるがこれはストーキーの枠組みにしたがっており，ケリーム（chereme）を動素と訳し，Dez, Tab, Sig をそれぞれ手の形，位置，動きと訳した。ただし詳細はストーキー法とはかなり異なっており，より音声的表記を目指している。詳細は本書では省略するが，手の形は物理的な分析がなされているが，位置は分類的（taxonomic）で，動きはサットン（Sutton, V., 1980）式表記法を参考にした構造分析という一貫性に欠けたものとなった。

　それを改良したのが神田・中（1993）で，日本手話の音韻表記を目指している。枠組みとしてはアメリカ手話のリデル・ジョンソン（Liddell, S. and Johson, R., 1989）とドイツのハムノーシス（HamNoSys）を参考にしている。ハムノーシスは音声表記を目指している表記システムで Hamburg Notational System を略称化した固有名詞である。具体的な内容については，これも神田（1994）を参考にしてほしい。　神田・中（以下，日本手話音韻表記法または単に音韻表記と略す）によれば日本手話の音韻構造は「手のかまえ部門」「空間部門」「運動部門」の三部門から構成されている。手のかまえ部門はさらに「手型」「掌の方向」「手首の方向」「手の運動」「両手の関係」に分類されている。また空間部門は「空間」「身体との距離」「身体部位」に分類される。運動部門は「軌跡」「様態」「両手の運動」に分類され，軌跡はさらに「線形状」「運動

表2-2 日本手話音韻表記法の範疇構造

―手のかまえ部門――手型：24種
　　　　　　　　　―掌の方向：上，下，左，右，前，後
　　　　　　　　　―手首の方向：上，下，左，右，前，後
―手の運動：指の運動，手首の運動，肘の運動；回転曲げ，伸ばし，開放，閉鎖，ひら
　　　　　　ひら，捻る，数える，こする
―両手の関係：同じ，交互，交差，接触，組合わせ
―空間部門―――――空間：中立空間，上，下，左，右，前，後
　　　　　　　　　―身体との距離：接触，近，中，遠
　　　　　　　　　―身体部位：25種
―運動部門―――軌跡――線形状：直線，曲線
　　　　　　　　　　―運動面：平面，立面，表面，断面，上昇面
　　　　　　　　　　―運動方向：上，下，左，右，前，後，押印
　　　　　　　　　　―様態：大きい，小さい，速い，遅い，繰り返す
　　　　　　　　　　―両手の運動：接触，非接触，交差

＊部門境界記号を「：」，下位範疇境界記号を「，」で表記

面」「運動方向」に下位分類される。これらの範疇の関係を表2-2に示す。

　手話は空間に展開する身体の動きであるため分類が複雑になる。実際の手話表現には表情などの非手指信号も関与するため，さらに複雑な表記が必要である。音声言語は音が時間軸にそって1次元的に配列されるため，時間的配列関係つまり順序が重要であるのに対し，手話では同時に3次元的に配列される要素の関係が重要であることをこの音韻構造が示している。しかし，後述のように順序も重要であることを知っておきたい。

　手型とその表記記号は次ページに示す。掌の方向，手首の方向，空間，運動方向は同じ記号を用いる。

　　U（上），D（下），L（左），R（右），F（前），B（後）

空間にはNS（中立空間）が加わり，運動方向には「ポンと判を押す」ような仕草をするST（押印）ある。

　手の運動のうち，運動体は次のように表記する。

　　f（指の運動），w（手首の運動），e（肘の運動）

動き方の基本は次の6種で、上記運動体と組み合わさる。

　ro（回転），be（曲げ），ex（伸ばし），op（開放），cl（閉鎖），wg（ひらひら運動）

運動体と動きの組合わせで特殊な動き方として次の3種がある。

　tw（肘を捻る），co（指で数える），ru（指の腹をこする）

両手の関係は次のいずれかになる。

　idn（同じ），alt（交互），cro（交差），con（接触），lin（組み合わせ）

両手の運動には nco（非接触），con（接触），cro（交差）がある。

身体との距離は心理的距離により4つに分類される。

　C（接触），P（近距離），M（中距離），D（遠距離）

身体部位は次の25種に分類される。

　HD（頭），FA（顔），FH（額），EY（目），NO（鼻），MO（口），EA（耳），NK（首），TH（歯），TN（舌），CK（頬），CN（あご），TM（こめかみ），BR（胸），BL（腹），SH（肩），UA（上腕），EL（肘），WD（手首の背），WV（手首の腹），LA（下腕），HB（手の甲），HP（掌），HA（手の周り），FG（指先）

線形状は直線（無表示）とC（曲線）に分類され、ジグザグは直線の連続と考える。直線運動が多いため、線形状が表示されない場合は自動的に直線と考える。

運動面は次の5種に分類する。

　HP（平面）：床に平行な面

　VP（立面）：平面に垂直な面

　SP（表面）：物理的な面でなく、身体に平行な面

　MP（断面）：物理的な面でなく、表面に垂直な面

　UP（上昇面）：身体に離れるにしたがい上昇していく面

様態とは運動のすがたである。運動の様態が手話では副詞的機能をもち、重要な役割をする。

　big（大きい），sml（小さい），fas（速い），slo（遅い），＊（繰り返し）

　＊2は反復が2回あることを示す。

その他に特殊な表記として、両手が別々に動く場合は／記号でわけ、利き手

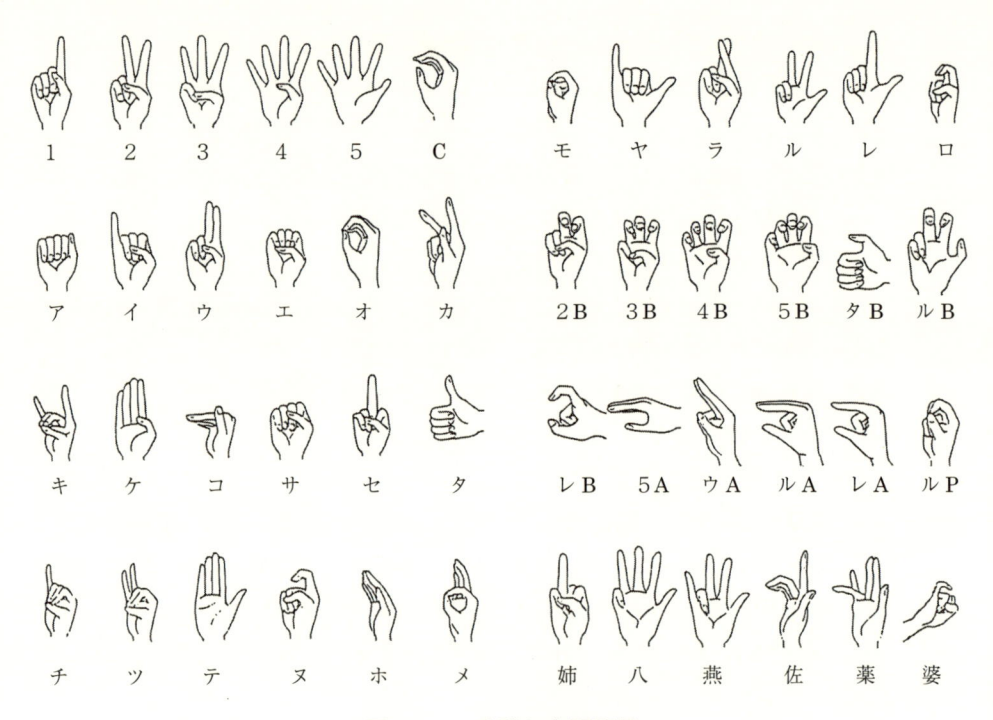

図2-1　手型と表記記号

を先に，非利き手を後にかく．また，掌の方向，手首の方向，空間，運動方向について，同側，異側という概念を用いることもある．

　　i（同側），c（異側）

　右手が右方向に，左手が左方向に向く，あるいは動くことを同側，右手が左方向，左手が右方向に向く（向い合せ），あるいは動く（両手が近づく）場合が異側である．

　以上の表記は綿密にできており，すべて表記するのは大変である．そこで，この音韻表記では手話者が意識しない部分は表記しなくていいことになっている．たとえば手話単語〈あなた〉では手型1と指先の方向（相手向き）しか意識されない．そこで手型と手首の方向だけを表記する．

　　〈あなた〉＝1B（1の手型で手首の方向は後）

　神田編纂「日本手話電子辞書」（1995）は基本語彙662語をこの音韻表記法で

記述し，データベース化した資料をもとに作成されたが，ここでは表記記号を若干改訂している。その資料の一部を表2-3，表2-4に示し，表記例とする。またその記号構造を次に示す。同辞書は現在発売されていない。

現在，手話の音韻表記法については目的に応じたいろいろな提案がある。原（2004）はアメリカの音素表記法をもとにした表記法を提案し，その記号を用いて約1000語を記述したデータを公開した。長嶋他（1994）は形態素記述と音素記述を混合した記述法を開発し手話アニメーションの研究に利用している。この研究グループは手話動画をこの表記法で記述したKosignという動画データを公開している。

2　手話音韻規則

手話の音韻表記が進むと手話のいろいろな音韻規則がわかってくる。手話教育に関係するようになると経験的にいろいろな規則がわかるが，音韻表記作業はより科学的にそれが説明される。たとえば右利きの場合，右目からあごにかけての位置は1～2センチの細かな動きや移動も認識されるが，そこから離れるにしたがい認識範囲が広くなり，腹部では5～6センチ以上でないと違いが認識されない。この右顔面前の円形の空間を「手話空間」と呼び，手型の細かな変化を必要とする指文字などはここで行われる。手話空間から遠い部位では手型の細かな認識が無理なので，無標手型（後述）になる。また「指が曲っている時，手首は曲らず，手首が曲る時は指が曲らない」という一般傾向があるというマンデル（Mandel, M., 1979）の指摘もある。これは筋肉の運動負担という生理的理由が原因でもある。こうした知覚的，運動生理的理由による制約の他に語彙形成上の理由による制約がある。

2.1　音韻制約（音素配列制約）

バチソン（Battison, R., 1974）によれば両手手話について①両手が同じ動きのもの，②両手の形が同じで片方だけが動くもの，③利き手だけが動き，非利き手の形は一定の形に制約されるもの，の3つに大別される。両手が動く場合には対称調整（Symmetry condition）が働き，両手の形は同じになり，動きは

表2-3　音韻表記例

118	覚える	5PL, cl : TMP
119	お土産	モ PD/ テ PU, idn : HPP : U, sml/*
120	おめでとう	オ PU, op, idn : U
121	重い	テ PUWi, idn : D
122	思う	1PD : TMC
123	面白い	サ PU, alt : BLC : B, *
124	表	1WF/ テ PB : HBC
125	降りる	2WU : HPC : DR
126	終わる	5PU, cl : ST
127	音楽	1PF, idn : C L/R+R/L
128	女	イ PB : ST
129	か？	テ PU : ST
130	会議	タ PB, idn : HBC : *2
131	会計	メ PL}+{ テ WU : HPC : SPR, *2
132	解決	1 : HPC : SP BL+BR
133	解雇	テ PUWi, idn : L/R, *2}+{ テ PD/ タ : FGC : FR
134	解散	CPc, op/tw, idn
135	会社	ウ Pc, alt : U : F+B
136	買う	メ PL/ テ PU : F/B
137	飼う	テ PU/ タ : FGC : F, *2
138	顔	1PB : FAP : C SP
139	鏡	テ PB, tw : *2
140	書く	モ PD/ テ PU : HPP : Z SPB
141	過去	テ PB : SHP : B
142	傘	サ PBWi, con : SPU, nco
143	賢い	モ PL, op : TMC : fas
144	火事	5Pc, tw, idn : U, *
145	貸す	5APUWF : F
146	風	5PF, idn : U : DL, *2
147	家族	テ PDc, con}+{ ヤ / テ PDR, tw : HPP : *2
148	固い	ル BPB : ST
149	活動	サ PD, alt : F+B, *
150	神奈川	テ Pc, idn : HPC}+{3PF, wbe : D
151	悲しい	モ PB, tw : EYC : D, *
152	金持ち	メ Pc : BLP : C FD
153	かまわない	イ PB : CNC : *2
154	神	テ Pc, idn : HPC : *2}+{1PL : U
155	カメラ	ヌ PL* レ BPR, fbe
156	通う	タ : F+B, *
157	辛い	5BPB, ero : MOP : SP
158	借りる	5APUWB : B
159	軽い	テ PU, idn : VPU
160	可愛い	ホ PD/ イ PB, ero : FGP : HP
161	変る	1PB, idn : L/R, cro
162	間	テ PcWB : ST
163	考える	1PD, tw : TMC : *2
164	関係	メ Pc, lin : F+B
165	観光	メ PL, ero : EYP : R, *
166	簡単	1 : MOC+HPC
167	関東	モ PF, con+idn : C HP, con
168	監督	2BPB : EYP : L, *2}+{1PD, alt : F
169	がっかり	CPU, cl, idn : BRP : D
170	学校	テ PU, idn : U, sml/2*
171	頑固	1PD : TMC}+{ ル BPB : ST
172	頑張る	サ PD, idn : D, *2
173	木（曜日）	レ PD, ero, idn : VPU
174	消える	テ PF, cl idn : L/R, cro
175	記憶	5PL, cl : HDP
176	汽車	ウ WB/ テ WB, ero : HPP : SP
177	規則	ロ WB : HPC : *2

第2章 手話のしくみ 69

表2-4 日本手話音韻表記記号

手の構え部門		空間部門				運動部門		
手型	図2-1	I 表示空間				線形状	無標	直線
		R 右		L 左			C	曲線
		U 上		D 下			Z	ジグザグ
	P 掌	F 前		B 後			S	四角
	W 手首	両手時（i, c）可					G	門
方向	R 右	II 身体部位と距離				軌跡	HP	床に平行
	L 左	P 近距離		C 接触		運動面	VP	平面に垂直
	U 上	M 中距離					SP	身体に平行
	D 下	D 遠距離					MP	表面に垂直
	F 前						UP	上昇面
	B 後							
	i 同側	HD 頭		EA 耳			R	右
	c 異側	FA 顔		NK 首			L	左
		FH 額		TH 歯		運動の方向	U	上
	f指, w手首, e肘	EY 目		TN 舌			D	下
	ro 回転	NO 鼻		CK 頬			F	前
	be 曲げ	MO 口		CN 顎			B	後
手の運動	ex 伸ばし	TM こめかみ					ST	押印
	wg ひらひら	BR 胸					R/L	同側
	op 開放	BL 腹					L/R	異側
	cl 閉鎖	SH 肩					&	右手静止
	tw ひねり	UA 上腕						
	co 数え	EL 肘				様態	big	大きい
	ru こする	LA 下腕					sml	小さい
		WD 手首の背					fas	速い
	idn 同一	WV 手首の腹					slo	遅い
	alt 交互	HB 手の甲					*	繰返し
両手の関係	cro 交差	HP 掌						
	con 接触	HA 指のまわり				運動結果	con	接触
	lin 抱合	FG 指					nco	非接触
							cro	交差

「：」部門境界　「，」カテゴリー境界　「/」同時的発現　「+」逐次的発現

◇両手手話◇
　利き手／非利き手を表記
　　手型，運動方向が同じ場合非利き手省略可（両手の関係が示されていること）

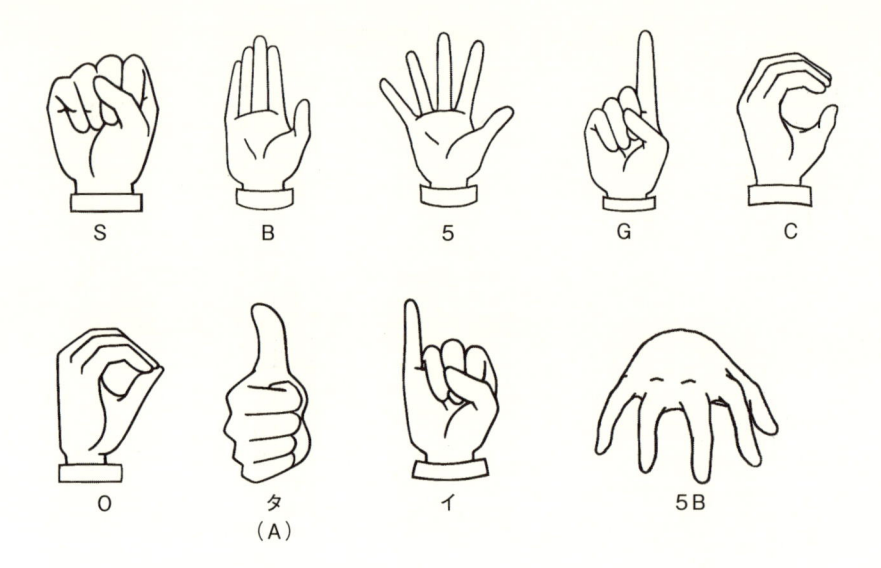

同じか鏡面対称になる。両手の形が異なる場合は優位調整（Dominant condition）が働き、非利き手は動かず、しかもアメリカ手話では次の7つの手型のどれかになる。この手型を「無標手型」（Unmarked handshapes）という。

無標手型
　　S：握りこぶしの形
　　B：手刀の形
　　5：すべての指を開いた形
　　G：人さし指だけ伸ばした形
　　C：すべての指でCの形にする
　　O：すべての指先をつけてOの形にする
　　A：親指を人さし指につけた握りこぶしの形
日本手話では次の手型が無標手型と考えられる。
　　サ（＝上記S），テ（＝B），5（＝5），ヒ（＝G），C（＝C）
　　オ（＝O），タ（≒A），イ，5B（＝場所）

無標手型は幼児の手話獲得で多く使用され、実際の手話にも多い、いわばわかりやすく、しやすい手型である。ケグル・ウイルバー（Kegl, J. and Wilbur, R., 1976）は利き手の概念を修正し、動く手はすべて利き手と考えると、両手

が動く場合は両手が利き手であり，上記2つの制約は

> 両手が利き手の場合は対称になり，手の形が異なる場合は片手だけが利き手になる

というシンプルな規則に書き換えられる．ただし，これらの制約は辞書形（Citation form）にしか存在せず，実際の手話表現では文法変化や詩的変化，ことば遊びなどにより，この制約にしたがわない場合が多くある．

2.2 音韻変化

　新語をつくり出す，あるいは複合語や語結合などを形成する場合，音韻変化が起こる．たとえば日本語の動詞では活用により終止形「読む」と「だ」が接続すると「読んだ」のように変化する．あるいは「雨」と「具」が接続すると「あまぐ」のように変化する．このような語形成上の音韻変化の他に，音声結合において一定の条件下で変化する場合を「同化」(assimilation) という．

　日本手話ではたとえば〈父〉の場合，最初は人さし指で頬に触れ〈#肉親〉を表現し続いて親指を前に出して〈#男〉を示すが，〈#肉親〉の段階で親指がすでに開いているのが普通である．#記号は形態素であることを示す．これはその後に来る〈#男〉の手型の影響で〈#肉親〉の手型が音韻変化したものと考えられる．このように後にくる音素の影響で前の音素が変化することを「順行同化」という．その逆に前の音素の影響で後の音素が変化することを「逆行同化」というが，〈家庭〉の場合，〈#家〉の後，〈#庭〉をする時に〈#家〉の左手が残ったままになる．これが逆行同化の例であろう．同化にはもう1つ「相互同化」といい，前後の双方が互に影響を及ぼす場合がある．

　手話としては新しい語だが，最近では〈ワープロ〉という手話単語が普及している．左手で指文字の〈わ〉，右手でキーボード操作の仕草をするが，こういう語形成の方法は手話独自で頭字化語 (initialized sign) という．これは両手の手型が異なる手話で左手が無標手型でないことから上記の「優位調整」規則を破っており，単純語でないことがわかる．

　この他にも数詞の〈二百〉（二本指で手首を回転させ上に跳ね上げる），〈三千〉（三本指で千の字を描く）のように手話の動きと位置は同じで数字の手型を変える方法による「合成語 (blending)」や，〈そば〉の手型を〈ら〉に変

えることで〈ラーメン〉を表現する「音素交替」という方法もある。こうした語形成は新造語によく用いられる。

音韻変化は新語の場合だけでなく，歴史的変化にも表れる。〈驚く〉は元来は掌を上向けにした手刀の手型（手型テ）の左手を地面に見立てて，二本指を脚に見立てた右手をパッと離すことでびっくりして飛び上がったことを表現していたが，現在では語源的な意味を失い手型は同じまま，左右を対称的に離すことで表現されることがある。これを「対称化」という。

また〈ろうあ〉は元来，〈ろう〉と〈あ〉は別々であったはずだが，いまでは同時または一続きの動作になっている。こういう変化を「円滑化」という。〈県〉という手話単語はいまでは胸の前で表現するが，昔は頭の上で大きく動作していた。こういう変化を「中心化」という。〈認める〉のこぶしはうなずきを表現しているが，もともと頭部の動きを手に代理させる変化を「頭部役割変化」という。〈議長〉のように指文字を加えて複合語化する「指文字借用」の例も多い。こうした語形成の研究は日本手話についてはあまりないが，語形成の段階で音韻変化が起こることが多いので，辞書形による音韻記述を確定したら，語形成や人称変化，副詞的変化を研究するうえで，音韻変化を分析することが重要な意味をもつ。

2.3 非手指信号

手話初心者はどうしても手話表現の手の動きにのみ注意がいってしまうが，ろう者の手話では表情を含む手の動き以外の要素が重要な機能をもつ。手や身体が調動体（articulator）として機能する場合は手のかまえ，位置，動きなどが音素の働きをし，表情や頭部の動きなどは音声言語の超分節音素（かぶせ音素，suprasegmentals）と同様の働きをしていると考えられる。音声言語では抑揚，強勢，リズムなどが超分節音素である。手話学では表情などが音声言語の超分節音素と同じかどうか決定できないが，特別な働きをしているので，非手指信号（Non-Manual Signals, 略してNMS）と呼ぶ。日本手話では眉上げ，眉寄せ，あご出し，舌出しなどが指摘されている。

NMSはリデル（1980）によれば①抽象的文法標識，②副詞，③語彙の一部，④パントマイムの一部，⑤感情的主観的表現に分類できるという。NMSは単

驚くA　　　　　　　　　驚くB

ろう　　　　あ　　　　　ろうあ

認める　　　　　　議長

独で使用されることもあるが，多くは複合的に使用される。
　手話講習会では表情が重要であると教えられるが，どの表情がどういう機能があるのか，具体的に指導されることはほとんどない。ニュアンスなどといった経験的指導が中心である。表情のうち自然な感情表現の他に①〜③の言語

的機能，とくに文法的機能については研究を重ね，手話教育に応用することが重要である。

　NMSについては前著以降，手話文法研究としていくつかの提案があった。しかし，文法標識としてのNMSに期待が大きすぎたのか，文法をすべて統語構造に見出そうとする音声語統語論の影響か，過剰な規則化が行われた。現在では，NMSの一部は統語的に利用されるが，ジェスチャーとしての機能もあることが理解されつつある。一例として，日本手話ではうなずきが文末を示すかのような記述（木村・市田〔1995〕）もみられるが，日本のろう者は外国のろう者に比べうなずきが多いとか，日本人はよくうなずくなど，うなずきは文化的行動であるとの指摘もあり，統語標識としてのNMSかどうか疑問がある。NMSについては，文法標識としてどのNMSがどういう機能をもっているか，さらに研究を重ねる必要がある。

2.4　手話の音節

　音節とは母音を中心とする子音の群で，リズムの基本単位である。手話にもリズムがあることは昔からわかっていたが，その構造が研究されてこなかった。手話の場合，動きがリズムを構成していることは直観的に理解できる。また同じ単語でも単独で表現される場合と，複合語化されてリズムが変化したりして，文中の場合では単独の場合と長さが違うことが知られている。手話の動きのなかには単語を構成する「動き」と，「わたり（transition）」と呼ばれる単語と単語の間の移動がある。さらに手話では「静止」もリズムを構成している。この動きとわたりと静止の組み合わせが音節のタイプを形成していると考えられるが，この方面の研究はそれほど盛んでなく，研究は少ない。

　音節研究の重要な点は，手話にも音節があること。そして，同時性ばかりが強調される傾向にある手話研究に対し，時間的配列の重要性もあることを指摘している点である。〈誰かに何かをやる〉の手話では動きの始点と終点という位置の順序が文法関係を示している。

　〈祝う〉と〈終わる〉では，音声的にみれば最初の手型と最後の手型が変化しており，開放運動とか閉鎖運動という手の運動がそれをつないでいるとみることもできるが，音韻的にみれば〈祝う〉では最初の手型を決め，それに手の

やる　　　　　　　祝う　　　　　　　終わる

運動をつければ最後の手型は自動的に決まる。〈終わる〉では閉鎖運動の後の手型が決まっており，最初の手型は自動的に決まる。手の運動と手型にはこうした逐次構造がある。

　手話の音素配列の逐次性は一般に考えられるより明確に存在し，手話音韻論の根幹をなすもので，音声言語の音韻論を応用できたのは，この音素配列の逐次性が前提となっている。

　前述の原（2004）は音節による手話表記法を試みている。日本語は音素ではなくモーラという音節的単位が基本的音韻単位だが，日本手話についても音素による分析よりも音節を音韻単位として分析する方法が効果的かもしれない。

2.5　手話音韻論

　手話の音韻記述が進むと，その記述にもとづき音韻構造を説明する仮説が提唱される。アメリカ手話学では自律分節音韻論がその代表だが，リデル・ジョンソンのMHモデルとサンドラー（Sandler, W.）のHTモデルの2つが提案されている。この音韻論を理解するには音声言語の自律分節音韻論をまず理解しなければならず，次に手話の分節の概念を理解しなければならない。手話学初心者には難しい関門なので詳細は神田（1994, pp.164-217）を参照してほしい。

　言語の表記には2つの目的があり，1つは上記の表記法のように事実を精密に表示すること，つまり具象的側面と，もう1つはその表示された事実のしくみを明らかにすること，つまり抽象的側面である。抽象的側面としては語の音韻構造だけでなく，形態論における音韻論的側面，音韻変化が記述できなくて

はならない。また音韻構造としては生成文法理論でいう辞書に記載される語の音韻構造である基底構造と実際の使用状態における音韻構造である表層構造が記述できなくてはならない。この基底構造，表層構造という概念についても言語学の基本的学習が必要であるが，簡略化して説明すると，表層構造というのは実際に耳にする，あるいは目にする音韻のしくみで，この表層構造は抽象的である基底構造から規則により生成されるという考え方である。つまり個々の表層構造を記述するのではなく，基底構造と生成規則により音韻のしくみを記述するという考え方である。アメリカ手話学は生成理論にもとづく言語理論が主流であるから，それを前提とした音韻論である。実際問題として手話研究の専門家以外には不要な知識かもしれないし，日本においてはこれらのモデルを活用した研究はみられない。そこで本書では自律分節音韻論については省略することにした。

2.6 手話の音韻記述例

手話は文字をもたない言語である。そこで辞書を作るには日本語ラベルで記述する，もしくは音韻表記記号で記述する，しかない。現在の手話辞典や手話入門書はほとんどの方法をとっている。これは日本語から手話を引くには問題が少ない。いわば和英辞典の役割である。しかし手話から引こうとすると不可能である。いわば英和辞典がないのである。手話日本語辞典の試みはいくつかある。どの辞書にも共通なのは，表記記号が専門性を帯びており，初学者には難しいこと，実際の手話型はイラストか動画で表示するしかないことである。音声言語の場合，辞書といえば文字と文字の対応で表記される。逆にいえば音声対音声の辞書はほとんどない。文字をもたない音声言語の場合は，アルファベットを基準にして辞書作成がなされることが多い。しかし手話の場合，独自の記号を開発するしかない。世界最初の手話辞典（アメリカ手話辞典）もストーキー記号という独自の記号体系によって記述された。日本で多量の手話語彙を音声表記で記述したのが原（2004）である。しかしこの辞書は記号に精通していないと利用できない。そこでそれらの記号をアイコンに変換し，コンピュータ検索により単語を引き出そうという新しい辞書の形も提案されている。

神田（1996）の「ムサシα」（岩谷産業）は掲載語彙数が634語と小さいが，

これは当時のCDの容量による制限であり，考え方としてはコンピュータ利用の手話辞典の最初である．現在，木村他（2005）が同様の考えにもとづき，原の記述のコンピュータ化を進めており，搭載語彙約3,000語で手話辞典としては利用価値の高いものになるはずである．

3 手話の語形成と文法

日本語を含む音声言語では，一瞬に1つだけ音が発声されるが，それだけでは意味をもたず，音が連続されてはじめて意味をもつ．いわば時間の経過にそって並べられる音の連鎖が言語を構成するので，これを言語の「線条性」という．一般には音の連鎖が単語を形成していると考えがちだが，語（言語学では単語といわず語という）より小さな意味単位がある．この意味の最小単位を形態素という．たとえば「おとうさん」は「おかあさん」や「おにいさん」，「おじいさん」，「お医者さん」などと比較してみると，「＃お」，「＃とう」，「＃さん」という意味に分解できる．しかし，「とう」は「と」と「う」に分解すると意味を感じない．つまり意味的にはこれ以上分解できないが，語より小さな単位がある．これが形態素であり，「＃」記号を付けて表示する．形態素は音の連鎖で，音声言語では配列順序が決まっている．また語は形態素から形成されているが，その配列順序も決まっている．つまり，配列順序すなわち線条性が重要な要素になっている．音声言語では統語レベルになってはじめて配列順序に自由が生じ，日本語では助詞を伴う名詞句は文のなかでは配列順序（語順）が緩くなる．

形態素が語を形成するしくみを形態論という．日本手話にも日本語とは異なる形態構造があり，その理解が日本手話を日本語とは別の言語であることを理解することを助けるであろう．

3.1 手話形態素

日本手話の〈おとうさん〉は直観的に，意味の上で〈＃肉親〉と〈＃男〉に分解できる．手話形態素は音韻連鎖であるから，この意味と音韻連鎖の関係を確定する必要がある．たとえば"親指を立てた形"は〈男〉の手話だと理解さ

れることがあるが,〈五〉も同じ手型である。〈男〉と〈五〉を音韻的に比較すると異なっている(「対立」している)部分は指先方向と掌方向だけである。しかし〈男〉と〈五〉は意味的にこれ以上分解できないように思えるから,いずれも〈#男〉,〈#五〉という形態素1つから形成されている語に思える。次に〈男〉と〈息子〉を比較してみる。

	手型	指先方向	掌方向	位置	運動	記号表記
〈男〉	親指を立てた形	上向き	左向き	右胸前	静止	5PLWB:NS:ST
〈息子〉	親指を立てた形	上向き	左向き	腹前	下前	5PLWB:BL:DF

この比較では位置と運動が対立している。〈息子〉は意味的には〈#男〉と〈#生れる〉に分解できるが,違いは位置と運動である。したがって位置と運動の組み合わせが〈#生れる〉という形態素に思われるが,その場合〈男〉の位置と運動の組み合わせが問題となってくる。

ここで改めて〈男〉と〈五〉をよく観察してみると,静止動作は胸前に移動する予備動作(わたり)の後に,ハンコを押すように軽く上下運動があってから,静止する動作がある。こういう動作は手話によくみられるが,「押印(stamping)」という。押印を伴う手話単語を比較すると押印には「~がある」とか「~だ」という意味があることがわかる。英語のbeに近い意味であり,意味論では繋辞(copula)という。日本手話に繋辞があり,〈#提示〉という意味をもつ形態素として実現されると仮定すると,右胸の前(中立位置)で押印する動作がそれにあたる。〈男〉や〈五〉は1つの形態素から構成されるのではなく,〈#提示〉との組み合わせであるといえる。

〈男〉=〈#男〉/〈#提示〉
〈五〉=〈#五〉/〈#提示〉

したがって〈#男〉も〈#五〉も手型と指先方向と掌方向の組み合わせ,いわゆる「手のかまえ」である。こう考えると〈息子〉が〈#男〉と〈#生まれる〉の組み合わせであることと矛盾しない。〈女〉や〈娘〉も同様に分析でき,矛盾がない。しかしこの仮定には異論(原,1977)もあることを紹介しておく。

息子

しかし問題は〈男〉も〈五〉も1動作である点である。これは手話の「同時性」という特徴を考えると理解できる。手話では1動作で多くの音韻が組み合わされるという特徴がある。形態素〈#男〉や〈#五〉，あるいは〈#女〉や指文字は手型と指先方向と掌方向の組み合わせとして表示される。位置や運動は単独で形態素を構成することもあるが〈#提示〉は位置と運動が組み合わさっている。より正確には「〜だ」という意味には位置は他でも可能なので押印動作だけが〈#提示〉であるが，中立位置が使われることが多いので，ここでは中立位置と押印動作の結合を〈#提示〉と考えておく。表面的には1動作にみえるがそのなかに形態的構造があることが手話の特徴である。繰り返すが日本手話単語〈男〉は「親指を立てる」ではなく，〈#男〉と〈#提示〉という2つの形態素の結合であることを理解すべきである。現行の手話辞典はすべて〈男〉を単語として扱い，〈#提示〉について説明はないが，手話学的には〈男がいる〉という語だと考える方が学習しやすい。〈　〉のなかは日本語で示されているが，本来日本手話と日本語は別の言語であるから，この表記法は完璧ではない。手話に文字がないために便宜的に使用されているにすぎない。日本手話単語を日本語を用いて表示したものを「日本語ラベル」というが，本書では「ラベル」であることを示すため，あえて〈　〉を前後につけて示している。日本語とは意味が異なる場合があることを認識してほしい。

　次に〈父〉の形態構造を考えると，形態素〈#肉親〉に〈#男〉が結合しているように一見みえるが，〈#男〉の動作は押印ではなく，ややうえに上がる動作の後静止する。したがって〈#男〉と〈#提示〉ではない。〈母〉にも同様の動作がある。これは〈#目上〉という形態素が結合していると考えられる。一方，〈父〉，〈母〉，〈両親〉には〈#肉親〉を意味する形態素があり，人さし指でほほに触れる動作で表現される。これは最初に示されなければならないから，形態素結合順序がある。こういう順序がある結合を逐次的結合というが，音声言語には逐次的結合しかないのに比べ，手話言語には同時的結合もあるのが特徴である。逐次的結合を「＋」，同時的結合を「／」で表記すると，たとえば〈父〉は次のようになる。

　　〈父〉＝〈#肉親〉＋〈#男／#目上〉

つまりここには次に示すような階層的構造がある。

#肉親　　　　　　#男／#目上

　　　　父　　　　　　　　　　　　　結婚

```
          〈父〉
         ╱    ╲
  〈#肉親〉   〈#男／#目上〉
```

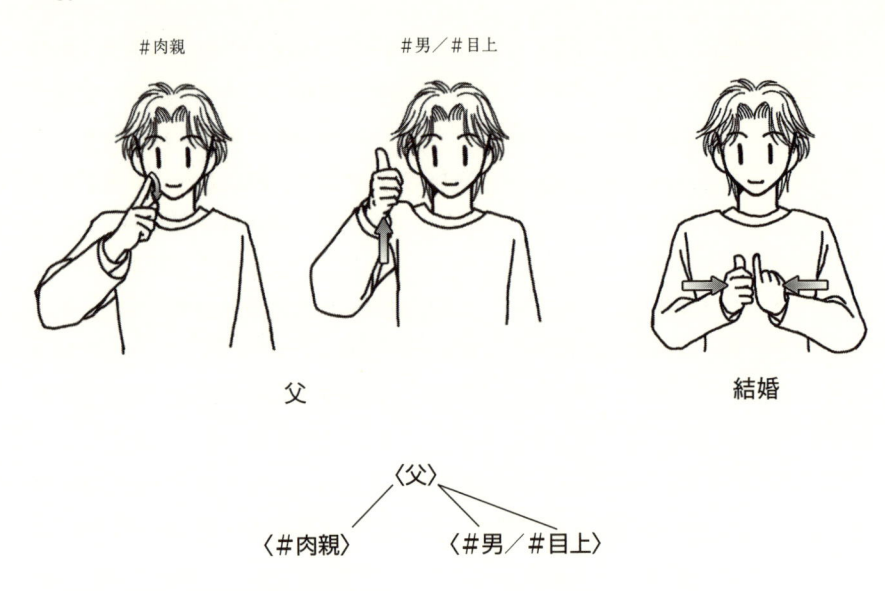

階層が深い場合には認識が困難になることがこれで証明される。
　この形態分析の手法を用いて〈結婚〉を分析すると，その形態構造は次のようになっている。
　　〈結婚〉＝〈#男／#女／#一緒になる〉
一般には〈結婚〉という日本語ラベルが与えられているが，〈#結婚〉という1つの形態素から形成されているのではない。〈夫〉や〈妻〉と比較すると，「一緒になる」という動作に違いがある。
　　〈夫〉＝〈結婚〉＋〈#男／#提示〉
　　〈妻〉＝〈結婚〉＋〈#女／#提示〉
〈夫〉，〈妻〉の場合の〈#一緒になる〉の動作は短い。このように結合により音韻結合形式が変化したものを異形態（allomorph）というが，実は〈妻〉の場合，利き手（右手）で〈#女〉をする。これは〈#女〉を提示するためである。これも〈結婚〉の異形態である。さらに観察すると，〈夫〉の〈#男〉を提示している間，および〈妻〉の〈#女〉を提示している間，非利き手（左手）の〈#女〉と〈#男〉は残ったままであるが，意味はない。両手手話単語ではしばしばこうした現象があるが，これは音韻変化であり同化（assimilation）である。〈夫〉では〈#男〉を提示している間，非利き手（左

手)が〈#女〉の手型をしたままである。これは前の要素が後続の要素に変化を与えているのであり，これを順行同化という。〈妻〉では〈#女〉を利き手で表示するために，〈結婚〉の両手の手型が変化している。後続の要素のために前の要素が変化するのを逆行同化という。〈#女〉を提示している間，左手の〈#男〉が残ったままなのは，後続の要素が前の要素のために変化していると同時に，その形は後続の要素により前の要素が変化しているので相互同化という。〈父〉や〈母〉でも実際の表現では〈#肉親〉の手型が本来は人さし指だけが開いている手型だが，親指や小指も開くことが多い。これも逆行同化の例である。

3.2 類辞（CL）

〈#男〉は手型と指先方向，掌方向の組み合わせであるが，〈#お金〉や〈#電話〉でも手型そのものに意味がある。これらは手型がそのものの代理をする代名詞のような役割をすると同時に，そのものを直接に連想させるという代名詞にはない機能もある。後者の機能は，たとえば日本語でいえば「3人，6畳，2枚」の「人，畳，枚」のような機能で，これらを類辞（classifiers）という。類辞はものの大きさや形，材質などを表す。分類辞ということもある。

スパラ（Supalla, T., 1986）によれば，類辞にはサス，取扱類辞，意味類辞，身体類辞があるとされる。サスとは Size And Space Specifiers の省略 SASS のことで，手で「大きさとその空間を特定する」という意味の新造語である。日本手話ではたとえばパイプ状のもの，板状のもの，球形のものなどである。大きさや形だけでなく，〈#柔らかいもの〉，〈#でこぼこのもの〉などの材質も表現できる。同じ〈自動車〉でもハンドルをまわす仕草の手話単語もある。このように何かモノを扱う仕草による類辞が取扱類辞（handle）である。ハンドルという日本語は自転車のハンドルのようなものを指すので，取扱類辞という新造語が神田（1994）により提案された。〈野球〉のバットを振る動作のようにスポーツ関係用語には多くみられる。意味類辞というのはスパラの用語で，手型が抽象的な形を表現する場合である。〈(2本指の)脚〉や〈飛行機〉，〈自動車〉などの手型がそれにあたる。〈犬〉や〈たぬき〉，〈うさぎ〉など動物を表す単語では手が特徴的な部分を表現し，顔や身体がその動物の一部を表す。

自動車 A　　　　　　自動車 B　　　　　　飛行機

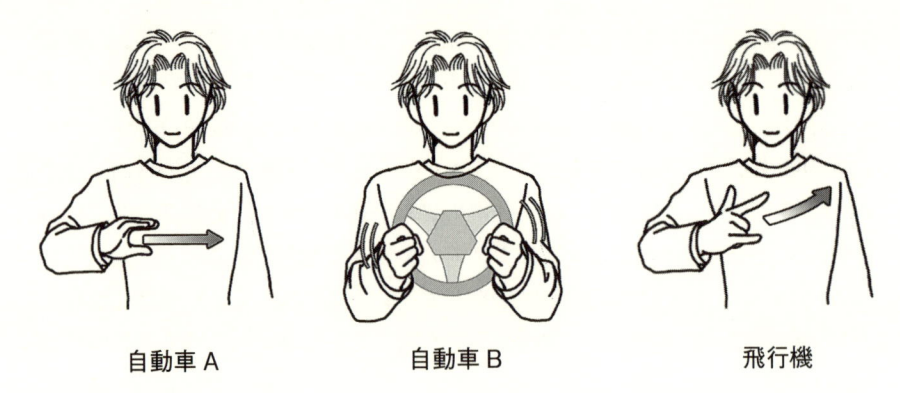

こういう場合を身体類辞という。

　手話は類辞を多く使用し、類辞による語形成も多いため、「手話は身振りである」という誤解がある。音声言語は前述のように、音韻連鎖が形態素や語を形成し、結合は順序が規則として決まっており、その表記する意味とは関連がない。これが「記号の恣意性」とよばれるものである。手話言語は空間を利用して視覚的表現を多用するので、モノの形を真似ることができる。しかしこの「モノマネ」は一定の規則にしたがっている。モノマネ機能を語形成に取り入れているにすぎない。音声言語でも音をモノマネすることがあり、イヌやネコの鳴き声を真似る。これらをオノマトペ（擬音語）というが、日本語は「ワンワン」というのを英語では「bow wow」というように言語ごとに決まっており、恣意性がある。手話のモノマネ機能にも同じように恣意性がある。手話のモノマネ機能はこれまで「写像性」とよばれ、恣意性とは反対の特徴とされてきたが、「写像的手話」にも言語ごとに恣意性があることがわかってきた。音声言語だけを考えると順序による規則だけを規則と考えがちだが、手話のような同時的結合構造と類辞の存在を考慮すると、いろいろなタイプの規則があることがわかる。その意味では手話学は言語学の概念を大きく変えることになった。

　CL とは何かが、手話の世界で話題になる。CL は手話の類辞で、身振りとの区別がうまくできないようだが、CL の定義は意外と簡単である。

　CL：特定の手型が動きを伴って動詞を形成する場合のその手型

つまり手の形だけが問題なのである。見方を変えると、手型という単一音素で

形成されている形態素ということになる。単一音素形態素というのは誤解されやすい。日本語でも「い」は胃，医など意味をもっていると誤解される。単一音による形態素なのである。この定義だと身体類辞は排除される。

a 類辞と尺度

　類辞を用いてモノを表現する場合，〈＃脚〉や〈＃飛行機〉は実際のサイズよりもかなり縮尺になっている。一方，ハンドル操作で表現する〈自動車〉やバット振りで示す〈野球〉は実際の人間の行動であり，実際サイズと同じである。つまり手話表現にはサイズがあり，これをスケール（尺度）という。原寸の表現は見ている側からすると目の前で起こっているようなリアリティがあるが，縮尺表現は手話者自身も手の動きを見ているような雰囲気がある。英語の表現法に直接話法と間接話法というのがあるが，それとよく似た働きである。

　　直接話法：Tom said to Mary "I love you".

　　間接話法：Tom told Mary that he loved her.

　直接話法は引用符により，生の会話を再表現してみせるのに対し，間接話法は客観的に内容を伝える方法をとる。手話の原寸スケールは手話者が状況を再現する演技者として表現しており，縮尺スケールは観察者として表現している。テレビの画面にたとえるなら，原寸はクローズアップと同じような効果があり，見る者がドラマの主人公になったような効果がある。縮尺は反対にロングショットであり風景を眺めるような効果がある。手話表現として原寸の場合は身体全体を用いて，芝居のように演じることが多いが，縮尺では手や指の動きが人間やモノを表現するので，小さな動きになる。これらのことをまとめると以下のようになる。

	文法機能	視点	視覚的効果	表現	調動主体
原寸	直接話法的	演技者	クローズアップ	叙情的	身体中心
縮尺	間接話法的	観察者	ロングショット	叙述的	手が中心

　類辞との関係でみれば，取扱類辞や身体類辞は原寸であり，意味類辞は縮尺になることが多い。サスはいずれにもなりうる。

　手話単語〈泳ぐ〉は両手で泳ぐまねをする原寸表現と，2本指が脚を表現し，それで〈泳ぐ〉を表現する縮尺表現がある。手話単語にはこのように原寸と縮

尺の2種類がある語も多いが，どちらか一方だけの語もある。上手な手話演者は1つの談話では同じスケールを維持するように表現を工夫する。それが物語としての説得力を高める。シムコムのような日本語からの翻訳ではそこまでの工夫はないため，スケールは無視されることが多く，その結果，手話表現に流れがなくなり，ぎこちない印象を与える。

〈赤ちゃん〉は両手を左右に振り自らが赤ちゃんになる表現と赤ちゃんをあやす表現があり，どちらも原寸表現である。身体類辞と取扱類辞という分類が可能で，これは手話者が赤ちゃんの身になっているのか，お母さんの身になっているかの違いを表す。つまりスケールとは厳密には演者そのものではなく，芝居の舞台のようなもので，テレビや映画ではカメラアングルという媒体の側がそれを決めるのに対し，手話のスケールは媒体が介在しないため演者がそれを決めているといえる。

b 類辞と運動の組合わせ

シック（Schick, B., 1990）は類辞はつねに述語との組み合わせで考えるべきだという。類詞研究のアラン（Allan, K., 1977）は世界の言語の類詞のタイプを数詞型，名詞呼応型，述語型，位置型に分類しているが，シックはアメリカ手話の類辞は述語型だという。本書 p.81 の類辞分類はスパラの分類にしたがっているが，それは名詞呼応型だという認識である。シックは述語における手の形と位置と運動の関係を統語論ではなく形態論として扱うことを提案，それが手話言語の特徴であることを主張している。シックは類辞とスケールの関係について次のような法則を見出している。

1. 取扱類辞はつねに原寸である。
2. 意味類辞はつねに縮尺である。

この法則にしたがうと，たとえば原寸で手話表現をしているうちに，スケールが合わなくなってくると次のどちらかの方法をとることになる。

 a. 意味類辞と運動あるいは縮尺の組み合わせに変える。
 b. 具体的な語により設定しなおす。

類辞と動詞との組み合わせと考えると，たとえば神田（1994）のように類辞を項（argument）として扱うことができ，手話の文法を説明するうえで都合がよいかもしれない。

現在では類辞は動詞語根と組み合わさり手話動詞の語幹を形成していると考えられている。〈自動車〉を例にとると，手型が自動車を意味し，動き方によって，〈駐車〉，〈追い越し〉〈交通渋滞〉のように語の意味が変化する。しかし中心となる意味は自動車である。類辞が手話動詞の語幹であるという考え方をとると，スパラのいう身体類辞は類辞ではないと考えられる。身体の動きにより動詞化される例がない。類辞と動詞の関係はまだ議論が多い。

3.3 語形成と語形変化

語が作られていくしくみを語形成というが，いろいろな方法がある。手話単語の形成にもいろいろなしくみがある。また語は形の上でも，意味の上でも変化する。歴史的に変化する場合もあれば，文法的変化もある。

a 語形成の種類

手話単語の語源は手や身体で絵画的に表現することが多いと信じられているが，必ずしもそうではない。現実をそのまま描く「描写」による語としては，たとえば〈郵便を出す〉は郵便マークである「〒」を描写しているが，こういう語はそれほど多くない。

語は新たに創造される一方で，消滅する語もある。またいったん消滅した語がまた「復活」する場合もあり，〈悪魔〉はそれにあたる。新造語はなかなか難しいので，よく行われるのが「借用」である。日本手話の場合，どうしても日本語からの借用が多く，指文字による借用は，日本語が片仮名で外国語から借用するのに似ている。また最近の傾向ではあるが，〈コミュニケーション〉のように外国手話からの借用もある。

「新しい手話」と呼ばれる新造語は日本語を翻訳するうえで不可欠とされ，次々に造語される傾向にあるが，もっとも多いのが漢字に対応させた借用を連語的に結合する方法である。たとえば〈福祉事務所〉はそれぞれ〈福祉〉と〈事務〉と〈所〉に対応する手話単語を連続する。これはまだ理解できるが，なかには手話として意味をなさない組み合わせもある。日本語の同音異義語を利用する場合もあり「駐車場」を〈注射〉〈場〉とする方法には心理的抵抗をもつ人が多い。

手話にとって自然な方法は「複合語化」である。複合語は連語とは異なり，

2つ以上の語の結合が別の意味をつくり出す。たとえば〈デパート〉は〈商売〉と〈建物〉を組み合わせる。これには順序があり，逆の〈建物〉〈商売〉では〈デパート〉にはならない。日本語でも「酒樽」と「樽酒」では意味が違うが，手話単語にもこうした組み合わせ順序がある。一方，手話単語独自の語形成として同時的結合がある。たとえば〈読書〉は〈本〉と〈見る〉が結合されている。この場合，片手が本，片手が視線を表現するという本来の手話形とはやや異なる変則形がとられている。またいずれも類辞を用いているのも特徴的である。〈本〉は両手で表現するのが本来の形で，これを「辞書型」という。辞書型はさまざまな理由で形が変化するが，それを「語形変化」という。語形変化の反対で語形は変わらないが，意味が変化する場合がある。それを「意味変化」という。語の意味は時代とともに変化するのが通例だが，手話にとって重要なのは「意味の固定化」である。たとえば〈使う〉という手話単語は右手でお金を表しており，もともとは「お金を遣う」という意味であった。しかし現在ではお金だけでなく，「人を使う」場合や「道具を使う」場合にも用いられ，意味範囲が広がるという意味変化があった。しかし，〈行く〉の場合，人差指で表すのが辞書形だが，親指で表せば〈男が行く〉，2本指で表せば〈二人で行く〉というように類辞の変化により意味が変化しうる。このように類辞により語形変化しうる場合を「流動的」といい，〈使う〉のように類辞が変化できない場合を「固定的」という。手話単語では類辞が大きな役割をしているが，類辞と語形成の関係をみると流動的な単語では類辞の意味が強く，類辞を換えることで語形変化をしていくことができるが，固定的な単語では類辞を換えることはできず，類辞の意味が消滅していく代わりに意味が拡大して，いろいろな場面での使用が可能になる。手話単語は創造の段階では類辞を用いて描写により形成されることが多いが，次第に流動化され，あるいは固定化されることで意味にふくらみをもつようになり，手話独自の発展を遂げるようになる。

　語形変化には品詞を変える「派生」と文法的な変化である「屈折」がある。手話にも派生があるが，日本手話ではまだ研究不足で品詞が確定していないこともあり，派生についてはここでは考えないで，文法的変化のみを考える。

b　述語のしくみ

　日本語で「私とあなたが会う」と表現するところを日本手話では1語のよう

に表現する。〈会う〉は立てた両手の人差指が人を表す。日本語では主語と目的語を決めなくてはならないから、「私があなたと」あるいは「あなたが私と」を決めなくてはならないが、考えてみれば「会う」のはどちらが主体であってもかまわない。日本手話はそういう論理的意味をもっている。抽象的表現だが、ある人（i）とある人（j）が会うということを次のように表すとする。

会う

　〈会う〉i, j：iとjが会う

日本手話では位置が人称を表し、話し手（自分）の位置を1（人称）、聞き手（相手）の位置を2（人称）、話し手の左右を3（人称）になる。i, jにそれぞれの数字を入れると〈会う〉の変化形が表せる。

　〈私があなたと会う〉：〈会う〉1, 2
　〈私と彼が会う〉　　：〈会う〉1, 3
　〈あなたが彼と会う〉：〈会う〉2, 3

つまり〈会う〉は両手の人差指が類辞として抽象的な代名詞のような役割を果し、「近づく」という運動が「会う」という概念を表し、位置が人称を表している。一見単語にみえるが、文法的に複雑なしくみをもっている。音声言語は配列順序により規則化するしかないが、手話は2つの手と身体を用いて空間に運動を提示するため、音声言語が統語的に表現する内容を語のレベルつまり形態的に表現することが多いと思われる。

　日本語では受け身形として表現される「盗まれる」も日本手話では〈盗む〉の変化形として〈盗む〉2, 1と表現される。日本手話の動詞すべてが位置と動きで述語化する訳ではなく、方向動詞と呼ばれるものだけである。動きと方向があっても〈雨が降る〉は人称変化しない。方向動詞には〈行く〉のように始点と終点があるものもあれば、〈食べる〉のように終点だけがある場合もあり、〈言う〉のように始点は変化せず、終点だけが変化するものもある。〈話し合う〉のように始点と終点が交互になるものもある。この始点と終点と人称位置への運動方向が主語、目的語を決めるしくみになっている。

　ここでは述語のしくみとして説明してきたが、音声言語では主語と述語は別

の語である。正確にいえば、文は主部と述部にわけられ、主語は主部に目的語は述部にある。しかし手話では述語のなかに主語的要素と目的語的要素が内包されているようにみえる。これを項（argument）と考えることもできる。専門的にみれば、〈会う〉では外項がなく、内項が2つあるという特異な構造をしている。これは手話の空間利用による機能である。項はつねに2つというのではなく、〈言う〉のように項が1つの場合もある。〈雨（が降る）〉のように項がゼロのこともある。項という視点からの手話研究は日本ではほとんどみられないが、手話の文法を知るうえでは重要である。項による説明には反論も予想される。

c 相，数，時制変化

日本手話の〈歩く〉は2本指を脚に見立てて、指の動かし方で意味を変化させる。素速く動かせば〈速く歩く＝走る〉になるし、左右に揺れながら動かせば〈千鳥足で歩く〉になる。この動きによる意味変化は日本語では動詞を修飾する副詞の意味に相当するので「副詞的（語形）変化」という。この副詞的変化を意味論的に分類するには相（アスペクト）という概念が用いられる。

クリマ・ベルジ（Klima, U. and Bellugi, U., 1979）のアメリカ手話分析のように詳細な分析は日本手話では行われていないが、その考え方を応用すると動きは時間的変化と空間的変化にわけられる。時間的変化とはテンポの違いであり、たとえば運動の反復は意味的にも反復であることはすぐにわかるが、その反復のテンポによりさらに細かなニュアンスを表現できる。〈言う〉を例にとると、大きな楕円を描きながらゆっくり反復すると〈ずっと言い続ける〉という「継続相」を表現でき、短く速いテンポで反復すれば〈いつも言う〉という「連続相」となるなど、多くのニュアンスを表現できる。空間的変化はある平面上あるいは立体空間上での円運動、弧状運動、山型運動などの幾何学的運動が意味を変化させることをいう。

実際の運動では時間的変化と空間的変化が組み合わさって意味を表すが、アメリカ手話では次の5つが代表的だとされる（Anderson, L., 1982）。

1．継続相：楕円運動
2．連続相：円運動
3．習慣相：緩い長い反復運動

4．持続相：短く強い反復運動
　5．反復相：短く速い直線的動きの後，いったん短い停止があり，ゆっくりとした弧状運動によりもとの位置に戻り，この循環動作を繰り返す

　語形変化が数の変化を表す場合もある。たとえば〈家〉を繰り返して〈町〉を表現したり，〈休み〉を反復して〈連休〉を表す。反復だけでなく〈友〉を水平に弧を描くことで〈仲間〉を表すこともある。反復が必ずしも複数化を示すわけではなく，〈老人〉の上下運動反復は複数ではない。単数形が反復形をとる場合は複数形はなく，数詞を示すとか〈たくさん〉を付加することになる。

　英語や日本語では「行った」のように動詞の時制による語形変化が起るが，日本手話では時制による語形変化はみられず，時を表す〈昨日〉，〈明日〉などが時を表現する。〈昨日〉〈行く〉と表現することで〈昨日行った〉の意味になるのであって，動詞に過去形がないからといって過去が表現できないわけではない。しかし，手話には「時間線」と呼ばれる抽象的な位置があり，利き手の肩の少し前を現在とし，前方を未来，後方を過去とする。この位置に数詞の〈1〉を組合わせると〈明日〉，〈昨日〉，掌だと〈未来〉，〈過去〉となる。ただし〈現在〉は肩の前の位置でなく，右下になる。

　この時間線を移動させて〈年〉の拳に現在点を移すと〈来年〉，〈去年〉などを表現することもできる。〈来週〉と〈先週〉では中立位置（胸前）に現在点がある。つまり日本手話の時間線は絶対的なものでなく，相対的に設定されるものである。

　日本手話では〈終わる〉や〈～ました〉を動詞の後に続けて〈～してしまった〉のような完了の意味を表現するが，これは時制ではなく完了相の副詞と考えられるか，あるいは助動詞として未来や過去と同じに扱ってもよいであろう。

4．統語論

　日本手話では主語，目的語，動詞変化といった意味的に重要な文法項目が，上記のように形態論レベルで処理されている。しかし文法項目のすべてが形態論レベルで表示されるわけではなく，語同士の関係として，あるいは句や節のような大きな単位で表示される文法項目もある。これを扱う分野を統語論（シ

ンタクス）という。音声言語では文法は一般に語より大きなレベルで表示されることが多いため，一般には統語論は文法と理解されている。

4.1 語順

「手話には語順がなく，日本語と同じように単語をならべればよい」という誤解がある。まずその「手話」が日本手話かどうかである。誤解の原因の第1は日本手話とピジン手話の混同である。ピジン手話は日本語と同じように並べたものだから，日本手話の語順ではないが，それでもでたらめに並べるのではなく，あくまでも日本語の語順にしたがっているのである。日本語は英語などに比べると語順が自由であるといわれるが，それはあくまでも助詞をつけた句としてであり，名詞と助詞の語順は変えられない。

　　昨日，太郎は花子と二郎を連れて新幹線で東京へ行った

この文章では「昨日」「太郎は」「花子と」「二郎を連れて」「新幹線で」「東京へ」は自由に交換できる。しかし「太郎」を「は」交換して「は太郎」ということはできない。英語でも前置詞を含めた名詞句なら，わりと自由に交換できるし，ラテン語のように語形変化が多い場合も語順は自由である。しかし中国語のように語形変化がなく語順が文法を表示する場合は語順が決まっている。

　手話はこれまで述べてきたように語のレベルで文法が表示されることが多く，語形変化も多いため，語順については自由度が高いことが予想される。しかし日本手話の文章表現を観察すると日本語とは異なる語順があることが知られており本名（1978），田上（1979），市田（1991）が指摘するように，厳密な語順がある場合もある。

　また後述する非手指信号（NMS）が語順と関係する場合もあるので，手話の語順については詳細な分析を必要とする。

4.2 NMS文法標識

　手話の文法は一部が形態論レベルで表示されるが，統語論で実現されることも多い。統語論的文法標識として注目されるのが，表情などの非手指信号

(NMS = Non Manual Signals) である。NMSによる文法表示として，日本手話について，市田（1991）は話題化，肯否疑問文，疑問詞疑問文，複文の4つをあげており，木村（1995）は平叙文，疑問文，同意を求める文，命令文，修飾関係と並列関係，話題化と焦点化，修辞疑問文，従属節をあげている。NMSとしては，あごを上げる，あごを引く，うなずき，首をふる，眉を上げる，眉を下げる，視線の方向，目をつむるまたはまたたく，上体のむき，をあげている。市田（1991）が発展して木村（1995）になったと推定されるので，木村の分類を紹介すると，その組み合わせは以下のようになっている。

　平叙文：文末のうなずき，文の最後の単語（過去形マーカや文末指さしがある場合はその直前の単語）でのうなずき。文末のうなずきの前であごをあげることもある。

　疑問文：疑問文では文末で相手に視線が向いているが，肯否疑問文（答えがイエスかノーかで答えられる疑問文）では眉を上げ，最後の単語（文末に指さしがある場合はその直前の単語）でうなずくか，あごを引いたままにする。疑問詞疑問文では眉を上げるか下げるかし，あごを前方か斜め前に突き出すようにし，さらにあごを左右にこきざみにふる。

　同意を求める文：平叙文と疑問文の混合で，文末うなずきに眉上げが加わる。

　命令文：あごを上げる。文全体にかかる場合と文末の指さしの直前の単語であごを上げる場合がある。表情が命令の強さを示す。

　修飾関係と並列関係：うなずきがない連続表現が修飾関係で，名詞ごとにうなずきがあるのが並列関係。

　話題化と焦点化：ある名詞を話題として提示する話題化や新しい情報として提示する焦点化は語順の入れ替えによって示されるが，その入れ替えた語に眉上げ，あご引きが伴う。

　修辞疑問文：「私が買うのは何かといえば，それは本である」という意味を表現する文を修辞疑問文といい，疑問詞が含まれるが，疑問詞疑問文のように相手に答えをもとめない（後述）。NMSは疑問詞の位置までは肯否疑問文と同じで，疑問詞の直後でもとに戻す。

　従属節：肯否疑問文に似たNMSがかかる節は条件節（「～ならば」），同意を求める文に似たNMSがかかれば理由節（「～だから」）を表す。従属節の終わ

りでごく短い時間，単語とNMSを保持し，その後もとに戻す。その時，目を一瞬つむることが多い。接続部にうなずきや首振りが起こることで順接や逆接を示すこともある。

　木村は以上のように羅列的に分類しているが，項目と成分を分析すると次のようになる。

項目	あご上げ	引き	出し	うなずき	眉上下	視線	語順
平叙文	△			○			
肯否疑問文		△		△	○	相手	
疑問詞疑問文			○		○	相手	
同意文				○	○		
命令文	○						
修飾関係							
並列関係				○			
話題化		○			○		○
焦点化		○			○		○
修辞疑問文		△		△	○		
条件節		△		△	○		
理由節				○			

　この表からすると文法項目の半分は他との明確な区別は難しく，しかもNMS 1つだけの成分で区別するのではなく，いくつもの成分を総合的に判断しているといえる。NMSは音声言語のイントネーションに似て，文全体にかかるもので，文法項目を表示する機能も類似している。

　木村のいう「修辞疑問文」という表現には問題がある。普通，修辞疑問文といえば，疑問形を用いて強く肯定する場合をさす。たとえば，「誰がそんなこと言うの？」のように「誰もそんなことは言わない」ことを強く肯定するためである。しかし木村の指摘する文は擬似分裂文の形をしており，疑問詞が使用されたにすぎない。日本語に訳せば「〜は〜です」という文に相当するので，話題化と考えるのが正しいであろう。木村の文法分析は現象をとらえる点では優れているが，機能を分類する段階での誤解が多くみられる。新造語を用いるならば誤解は少ないが，既存の用語を用いるにはそれなりの知識が必要である。

4.3 複文構造

手話には複文はないと思う人は多いだろう。理論的に証明するというよりも複文があるという発想がないからであろう。文と文が連結されている場合を複文というが，複文における連結されたそれぞれの文を節という。複文には節同士が同じレベルで結合されている等位構造と，節と節に階層があり，主節と従属節という関係になる従属構造がある。等位構造は〈そして〉や〈しかし〉という接続詞により連結される複文である。

日本手話の複文についての研究はほとんどないが，木村（1995）は上記のように修辞疑問（話題化）文と従属節を認めている。木村のいう修辞疑問文とは疑問詞を用いて，複文を作るしくみで，自問自答のような形になる。

<u>眉上げ</u>　　　<u>うなずき</u>
〈私　　買う　　何　　本〉：私が買うのは，本だ。

直訳すれば「私が買うのは何かといえば，それは本だ」という意味である。英語には What I buy is a book. のような疑問詞による従属文があり，似たような構造をしているが，日本語にはあまりみられない用法である。

木村によれば条件節（英語の if で始まる節）と理由節（英語なら because で始まる節）と順接，逆接を認めているが，説明が簡単なのと，例文がないので，しくみがよくわからない。アメリカ手話では関係節が指摘されているが，木村にはその記述はない。日本手話の複文構造については研究不足なので，今後の研究成果を待つことになる。

木村・市田はその後も NMS の統語的用法を指摘する発表をしているが，異論も多いのでここでは紹介を避ける。

参考文献
市田泰弘「手話の基本文法」神田和幸編『手話通訳の基礎』第一法規，pp.138 - 150, 1991年
市田泰弘・木村晴美 著『はじめての手話』日本文芸社，1995年
神田和幸「日本手話の簡略表記システム」『東海産業短期大学紀要』第1巻, pp.55 -70, 1986年

神田和幸『手話学講義』福村出版，1994年

神田和幸「北米インディアンの身振り言語」『目白学園女子短期大学研究紀要』第14号，pp.41-54, 1977年

神田和幸・中博一「日本手話の基本語彙」『日本手話学術研究会第19回大会予稿集』pp.50-53, 1993年

神田和幸・本名信行・小田侯朗・加藤三保子「日本手話の表記法に関する提案——手の形を中心にして」『日本音響学会音声研究会資料』S83-88, pp.1-8, 1984-2, 1984年

木村晴美他『はじめての手話』日本文芸社，1995年

木村勉・中田修司・中村有希・神田和幸・原大介「音素記述による手話アニメーション作成支援システムの開発」電子情報通信学会技術研究報告，WIT2005-86, 2005年

田上隆司他『手話の世界』日本放送出版協会，1979年

長嶋祐二・神田和幸・寺内美奈・中野佐世子「日本手話の形態素解析とそのモデル化」『電子情報通信学会技術研究報告』Vol.94, No.136, pp.9-14, 1994年

原大介「手話の音素をキーワードとした手話・日本語辞書システムの試作」日本手話学会第30会大会予稿集，pp.4-7, 2004年

原大介「日本手話における最小語制約と動きの挿入」『日本手話学会第23回大会予稿集』pp.30-33, 1997

本名信行「伝統的手話の語順について」FCパン編『手話の諸相』文化評論出版，pp.65-75, 1978年

Anderson, L.B. "Universals of aspect and parts of speech: Parallels between signed and spoken languages." Hopper, P. ed. Tense - 3 Aspect: Between Semantics and Pragmatics. Amsterdam, John Benjamins, pp.91-114, 1982

Allan, K. Classifiers, in Language 53, pp.284-310, 1977

Battison, R. Lexical borrowing in American Sign Language. Silver Spring, Md., Linstok Press.

Kegl, J. and Ronnie, W. "When does structure stop and style begin? Syntax, morphology, and phonology vs. stylistic variation in American Sign Language." In CLS12. Chicago: University of Chicago, pp.376-396, 1976

Klima, E. and Bellugi, U. The signs of language. Cambridge: Harvard University Press, 1979

Liddell, S. American Sign Language syntax. The Hague: Mouton, 1980

Mandel, M. Phonotactics and morphophonology in American Sign Language. Ph.D. dissertation. U.C. California, Berkeley, 1981

Schick, B. S. "Classifier predicates in American Sign Language." International Journal of Sign Linguistics Vol.1, No.1, pp.15-40, 1990

Supalla, T., "The classifier system in American Sign Language." Craig, C. ed.

Noun Classification and Categorization. J. Benjamins. 1986
Sutton, V. Sutton SignWriting. Center for Sutton Movement Writing, Inc. 1974

第3章　手話学習

1　手話教育

　手話を言語として考えるようになったのはごく最近のことである。以前は「手真似」と呼ばれ，身振りつまりことばではないと考えられてきた。いまでも手話学習を言語学習，つまり語学として考える人はまだ少ないかもしれない。手話は福祉の手段と考える人が大勢いる。それはそれでかまわないのだが，それだけでは正しくないというのが本書の主張である。手話が言語であるからには，その学習は語学だというのは自然なことだが，手話の使用者がろう者という障害者であることが事情を複雑にしている。手話学習は手話通訳になるための過程であるとか，ろう者の役に立たない手話学習はしてはならない，といった偏見が多い。まず語学として考えるという視点から考えてみよう。

　英語を学ぶ時，通訳になりたい人はもちろんいるだろう。その他にも海外で使う，仕事で使う，英語の歌を歌いたい，受験がある，など目的や動機は人それぞれである。少数民族の言語を学ぶ時もいろいろな動機がある。たとえばアイヌ語を勉強したいと思う時，叙事詩（ユーカラ）を知りたい，日本にある別の言語を学びたい，アイヌ文化を知りたいなど，動機もいろいろある。手話も本来，通訳以外に，手話歌を歌いたい，仕事でろう者に出会う，などいろいろな動機があるはずだ。ただなんとなく，おもしろそう，と思う人もいるかもしれない。

　語学では学習者の動機は問わない。学習到達度と教える技術が問題であり，教育カリキュラム，教科書，教師養成，教育システムが問題である。手話の場合も語学としてなら学習者の動機は問わない。しかし手話は，長く福祉の一部として位置付けられてきたため，手話教育は語学としての完成度は低い。世界

でもっとも進んでいるのは英語教育であることは誰もが認めるであろうから，英語教育と比較しつつ，手話教育を改革するのがもっとも効率がよいと考えられる。英語教育でも異文化教育がないわけではないので，手話教育でろう文化を異文化として教えることは問題ない。しかし，ろう文化教育のために手話を教えるというのは，語学からみると主客転倒である。

　手話教育の最大の難点は専門家がいないことである。現在，手話を教えている人はろう者か手話通訳者がほとんどである。いずれも語学教師としての訓練のないまま，手話ができるという理由で教えており，自己の経験だけが頼りである。もし，日本語ができるという理由で日本語を海外で教えることになったら困るであろう。初歩の会話程度ならできるであろうが，専門家として，あるいは通訳養成にかかわるには責任が重すぎる。実際，日本人などいない小さな国や外国の田舎に行けば，そうせざるをえないこともある。いわば，語学の黎明段階である。日本の手話教育は黎明期を過ぎて，ようやく揺籃期に入った段階である。無論，外国語教育にはまだ黎明期やそれ以前の場合もたくさんあるので，手話に限ったことではない。こういう段階ではどのような方法が用いられるかというと，とりあえず真似ることから始まる。これをダイレクト・メソッド（直接法）という。

1.1　ナチュラル・アプローチとダイレクト・メソッド

　語学には留学が一番だ，ということがよくいわれる。そのとおりなのだが，これこそがダイレクト・メソッド（以下DMとする）である。DMの歴史はローマ時代に遡る。ローマ帝国全盛時代，支配下の異民族の貴族は帝国中枢との関係を保つため，子弟をローマに留学させ公用語であるラテン語を学習させた。彼らはローマの都市で生活するなかで語学と文化を学び，帰国して帝国の間接統治の一翼を担った。時代は下って，大英帝国時代，植民地のエリートはロンドン留学生ばかりであった。日本の明治時代も欧州帰りがエリートになった。夏目漱石，森鷗外，福沢諭吉など洋行組が幅をきかせた時代である。

　現地で言語に接することは，文化的背景が自動的に学習できるだけでなく，生の言語に接することができる利点がある。生の言語とは，教科書で教わる標準語ではない，人々の生活や仕事で使われる文体のことで，さまざまなバリ

エーション（変種）がある。このタイプの言語を社会言語学ではL言語という。それに対し，公用語で使われる標準タイプの言語をH言語という。一般には話しことばである口語体がL言語，書きことばである文語体がH言語にほぼ該当し，言語によって違いが大きい場合と小さい場合がある。英語は比較的差が小さいとされるが，アメリカの場合，黒人英語やヒスパニックの英語はL言語のみでH言語は白人英語である。日本では地域方言がL言語で，共通語がH言語だが，違いは今は小さい。明治以前は口語と文語の差は大きかった。手話の場合は複雑で，地域ろう者が使用するのはL言語なのだが，H言語が何なのか確定していない。いわゆる日本語対応手話つまりピジン手話が公的に使われることが多いので，それがH言語の機能をもっているともいえるが，ろう者がそれを認めないという風潮もあるので，その場合はH言語がないともいえる。H言語の成立には文字が重要で，手話には文字がないからH言語は書記日本語とも考えられる。教える立場の人は学習目標がどの言語なのか知っておかねばならない。

　DMの利点は目の前に実物があるので学習しやすいことにある。反復により自然に学習できる。欠点は時間がかかること，そして学習結果に普遍性が乏しいことにある。先生のことばはわかるようになったが，他の人のことばはよくわからない，という現象が起きやすい。また高度に専門的な内容は伝達できない場合が多い。利点は他にもあり，感情的交流がしやすい，いったん覚えると忘れにくい，あまり考えなくても使用できるようになる，などである。

　このDMの利点を活かして語学技術に発展させたのが，ナチュラル・アプローチ（自然法，以下NAとする）である。NAはアメリカの英語教育法として開発された。アメリカは英語の話せない移民が多く，自国民に英語教育をしなければならない状況にある。そこで国家プロジェクトとしてTEFL（Teaching English as a Foreign Language）またはTESL（Teaching English as a Second Language）つまり外国語のように英語を教える政策プログラムがある。これは自国民のための語学教育なのだが，全国の大学にあり外国からの留学生受け入れに利用され，さらにはその教師を海外に輸出することで世界に英語を広げようという国家戦略でもある。日本で英語を教えているアメリカ人教師のほとんどはTESLの訓練を受けていると思ってよい。

NAの特徴は次の4点に要約される。
　①周囲が英語を使う環境にある
　②英語を母語とする教師が担当する
　③文法をモニタとして利用する
　④学習者の感情的な抵抗をなくす

　①はアメリカ国内だから当然である。②も教師は得やすい。③は説明が必要だが，文法教育はほとんどしないということで，文法的な間違いを指摘しないという方針なのである。要するに伝わればいいということだ。しかし，学習到達度の目安として文法を利用するのである。④は文法教育をしないことと関係があり，語学が面倒なのは単語学習と文法教育なのだから，実際の生活に密着した形で指導すれば学習意欲も下がらないということである。アメリカでの移民教育では効果を上げているが，批判もある。人権的な立場からすると，移民者の言語を認めず英語で同化しようとしていることになる。アメリカ憲法では国民は自分の選択する言語で教育を受ける権利があり，言語使用の自由が認められているから，英語を強制されるべきではない，ということである。しかし，実際は英語ができないと不利なことが多い。その両者のせめぎ合いがアメリカの言語政策なのである。

　NAは日本国内ではできない。①が成立しないからである。しかし，特殊な設定を準備し，LLなどの機器を活用することで近い状況をつくり出すことができる。しかし時間的な制約もあり，期待より効果は薄いとされる。英会話学校はNAのシミュレーションなのだが，実際の効果はあまりないといわれる。

　手話教育においてDMやNAは可能だろうか？　ろう家庭にホームステイするとか，ろう学校に勤める，ろう者と結婚するなどの状況にあればDMになるであろうが，教室やサークルでは効率の低いDMとなりやすい。NAはさらに困難で①はクリアしない。②も実際はなかなか得がたい。③は実際は文法利用をしないが，手話文法自体が理解されていないのでモニタにはならない。④は学習者の心理的ハードルはかなり高い。わからないことばでずっと話しかけられるのは苦痛を伴う。

　日本ではろう者の手話教師が当然のようにいわれるが，初心者向けの語学としては疑問がある。英会話の場合，受講生はある程度英語を修得している。読

めばわかるのであるから，後は音との関連づけである。他の言語の場合はやはり単語学習，文法学習というプロセスがあり，母語話者でも日本語ができる人が担当する。上級になってはじめてその言語のみの教育が可能になる。手話でも同様に，まず語彙獲得，そして文法教育，その後，会話と進むのが常道であろう。問題は手話に文字がないため，教科書と辞書が作りにくい。そこをまずクリアしなくてはならない。

手話教育でろう者が教えていればNAだという誤解が拡がっている。問題点は2つある。1つはNAを主張する人々が思想的背景を理解しておらず理念を共有していないことにある。手話を教えるろう者は同化主義ではないはずで，日本語と手話のバイリンガルを望んでいるはずである。NAは同化主義であり思想的矛盾は教育論的破綻を起こしやすい。2つめは上記のようにNAの基本方針を遵守していないことである。つまりは名前だけを利用している羊頭狗肉であり，実際，技法として確立しているとはいえない。あくまでもろう運動の一環として一般に理解されているところが問題である。

1.2 手話教師養成

語学では一般に初級，中級，上級にレベル分けする。教科書と教師もそれに合わせたものでなくてはならない。語学とは母語でない他の言語を母語の知識を利用して学習する，つまり移行（transition）によりバイリンガルを作り出すことである。語学の初学者（初級者）は当然，母語の影響を強く受け，目標言語学習においてエラーを作り出す。このエラーを多く含む形態を中間言語という。当初は母語に近い形態から次第に目標言語に近いものへと中間言語が変化していく過程が語学の到達度といえる。語学教師は学習者（生徒）の到達度を中間言語によって測る技量を求められる。中間言語の存在を認めない語学教師は失格なのである。目標言語の母語話者である教師は中間言語に心理的抵抗があるのが普通である。「誤り」としかとらえられないのだ。しかし，獲得バイリンガルになった教師は自分の通ってきた過程を理解しているので中間言語について寛容である。たとえばネイティヴの英語教師は細かな間違いに抵抗があるが，日本人教師なら気づかないか，気づいても注意はしない。もっとも反作用もあり，英米人教師はわかりさえすればいいからまったく注意しないとい

う両極端になる。日本人教師は自分の学習過程を反復し，自分と同列で判断するから，かえって細かなミスまで厳しく指導することもある。いずれの場合も教師としては不適格で，学習者の到達度を客観的に観察しながら，その能力に応じた指導をすることが重要である。

　手話教育においてもまったく同様で，教師は生徒の中間言語をよく観察すべきである。手の形，位置，動きなどの音韻的要素の間違いは当然として，語順，語形変化などにおいて多くの中間言語が存在する。しかもその一部は手話会話現場で利用され，日本語対応手話という名で言語変種となっているものもある。これは公認の中間言語なのである。したがって，ネイティヴ教師であるろう者は心理的抵抗をもつ。実際，自分の使用する変種のみを正統と判断する傾向が強い。否定的観点からでしか学習者の中間言語をみない教師は学習者の感情的抵抗を減らすことはできない。

　一般的に，初級は目標言語を母語としない教師が望ましい。生徒との親近感，間違いの指導，動機付け，励ましがしやすいからである。それに目標言語の内容のレベルも高くない。英語などでもネイティヴに習いたいという希望はあるが，最初は興味があってもすぐに負担になってやめてしまう人が多い。初級では「楽しく学びたい」のだから，むしろ聴者の楽しい先生に人気がある。手話の実力よりは人柄というか，生徒を惹きつける技量のある先生がよい。中級からは目標言語の母語話者が望ましい。誤りの判断，生徒の達成感，などに効果が大きい。生徒もある程度コミュニケーションが可能であり，意欲もある。意欲のない生徒は初級段階で挫折している。上級の講師は高度のバイリンガルが望ましい。生徒にとって，母語話者は絶対になれない存在だが，バイリンガルは努力目標となる。バイリンガルといっても生まれつきのコーダ（ろうの親をもつ聴児）をさすのではない。学習によって2つの言語が操れるようになった人のことである。こうした獲得バイリンガルは学習の困難さも理解している。とくに語学に天才的な人よりも努力して得た人がなおよい。天才肌の先生は生徒がどこでつまづくか，なぜつまづくのか理解できないことが多い。

　母語話者，非母語話者，バイリンガルは教師の資質であり努力では達成できないものだが，教育技術により，ある程度内容的なカバーは可能である。複数の先生で担当するティームティーチング，分業などがそれである。機器利用も

積極的に行うとよい。経営の面では複数の先生が同時に教えるのはなかなか難しいが，時間ごとに分担することは可能である。上級にいくにしたがい，いろいろな先生に教わることは大切である。先生はどうしても「自分の生徒」という所有意識がある。そしてできるだけ自分がずっと教えたいという希望をもつ。これを「囲い込み」といい，決して望ましいことではない。手話の場合，先生の癖が生徒に伝染し，「〇〇流」のような流派ができてしまやすい。一種の方言になってしまうので，生徒がよそで困ることになる。

英語教育の場合，大学において教師養成が行われており，その供給も多い。しかし手話の場合，教師養成はほとんどなされていない。手話通訳養成と比べ著しく貧しい状況にある。手話教育を語学として考える時，教師養成は不可欠である。一部では，ろう者以外手話を教えてはいけない，というきまりもあるらしいが，これでは手話普及につながらない。ろう者の多くは手話教育の素人で生徒の向上にはつながりにくい。

1.3 手話教科書

手話教科書のほとんどは手話が絵や写真で示されている。それでもイメージはわくので単語辞書ならそれで間に合う。問題は文章である。英語では文の単語の切れ目が空白で表記される。日本語では単語の切れ目はなかなかわかりにくい。音声の場合，単語が連続すると，語と語の間に「わたり」という現象がある。話している本人は認識していないつなぎが存在する。厳密にいえば音と音の間にもわたりがある。文字で書くと1つひとつが分離しており，いわばデジタルなのだが，実際の発音は連続しておりアナログなのだ。手話は話しことばしかないアナログのことばなので，理解するにはいわばデジタル化が必要になる。人間の脳はすばらしい能力があり，手話単語が連続していても，1つずつ分離して理解することができる。だから生の手話表現やビデオなどの動画で見るならば何の問題もない。問題は絵やイラストだとはじめから単語がデジタル的に分離されて載っているから，わたりの部分がわからない。多くの場合は人間の能力により自然につなぐことができるが，わからない場合もある。そこをどう指導できるかが重要だが，教師はそこに気づいていないことがほとんどである。最大の難点は音や語が連続した場合や語が変形することがある。これ

を弱形という。たとえば，日本語で「行く＋て＋しまう」は「行ってしまう」に変形し，さらに「行っちゃう」になることもある。弱形になる前の形を強形というが，辞書には強形しか載っていない。強形は1つだが，弱形はいくつもあることが多い。手話にも弱形があるが，解説している本はみたことがない。語学訓練を受けていない母語話者は，わたりや弱形を自然にできるが，どうしてそうなるのかはわからないし，説明もできない。「行く・て・しまう」が「いっちゃう」になるしくみを説明できる人は専門家でもないかぎり日本人にはいないのと同じである。こうした弱形になる現象を「文法」になぞらえて命名するなら，「音法」に相当する音韻規則がある。実はDMやNAでは強形を習うことなく自然に弱形が学習される。なぜならば単語を1つひとつ習うのではなく，文を塊りとして覚える訓練だからである。つまりコミュニケーションは文単位で行われるのである。わかりやすい例でいえば，旅行会話練習帳などでは，単語と文法を抜きにし，短文のみを学習する。使用範囲は限定されるがとりあえずの役に立つ。この方法ではしくみの解説は抜きにして，ひたすら覚える勉強をすることになる。そういう入門用教科書もあってよい。しかし本格的学習には，辞書と文法書と例文集が不可欠である。それらをどう組み合わせながら，学習効果を高めていくか，という課題にはカリキュラムが必要である。

教科書作成はその背後にある言語理論と言語教育理論が反映される。手話の場合，言語理論がいまだ確定されておらず，まして言語教育理論があるわけではないので，経験主義的になるのはやむをえない状況にある。しかし近年少しずつ言語構造はわかってきたので，次の段階として，構造研究を応用した教育理論が必要になる。DMやNAでない，伝統的な語学にもとづいた理論の構築が待たれる。本書が貢献できれば幸いである。

1.4 手話教育カリキュラム

言語教育には上記の教師養成と教科書作成とカリキュラム作成が不可欠な3本柱である。

手話教育にも初級，中級などのレベル設定があるが，多くはその中身は単なる時間配分にすぎない。現在，手話教育カリキュラムらしきものとしては手話通訳養成制度の一部として掲げられているものしかない。厚生労働省が示す指

針(「手話奉仕員及び手話通訳者の養成カリキュラム」厚生労働省大臣官房障害保健福祉部,1998年(平成10年)7月)では次の2項目があげられている。

手話奉仕員養成カリキュラム(入門課程・基礎課程80時間)の養成目標
　「聴覚障害者,聴覚障害者の生活及び関連する福祉制度等についての理解と認識を深めるとともに,手話で日常会話を行うに必要な手話語彙及び手話表現技術を習得する」

手話通訳者養成カリキュラム(基本課程・応用課程・実践課程90時間)の養成目標
　「身体障害者福祉の概要や手話通訳者の役割・責務等についての理解と認識を深めるとともに,手話通訳に必要な手話語彙,手話表現技術を習得する」

各地域の手話講座はこれにもとづき構成されているのが現状である。もっともこれは手話通訳養成カリキュラムなので,手話の語学カリキュラムとは異なるかもしれない。語学としての手話カリキュラムの試案を以下に示してみよう。

a 語彙学習

言語学習は語彙学習といっても過言ではない。語彙学習は生涯続く。第2言語学習ではまず「基本語彙」学習から始まる。何を基本とするかは議論があるが,多くの言語の場合は身体部位が多い。しかし手話では身体部位はほとんどが指さしになることが多い。手話の基本語彙はいろいろな手話入門書に掲載されている語彙の頻度から考えると次のようなカテゴリーとなる。

　　A. 数字　　B. 曜日　　C. 家族　　D. 方角　　E. 四季
　　F. 基本色　　G. 時　　H. 動詞・形容詞

順序はとくにこだわらなくてよいが,これらのカテゴリーを合計し200語程度に留めるとよい。

　語彙学習は段階的に学習目標語彙数を設定するが,その数は学習時間と関係があるので一概には決められない。1つの目安として,1時間あたり20語程度を基準として,学習者のレベル,年齢などにより決めてゆく。語彙のカテゴリーも学習目的によりさまざまだが,一般的には身近なもの,実用性の高いものが順序として早くなる。手話の場合,〈ろう者〉〈難聴者〉〈聴者〉などの単語は初心者の早い段階にくる。地名も早く必要になるが,国名などは中級以上

の段階で遅くてもよい。

b 文法学習

　例文学習には文法がつきものである。最初は挨拶など，単語のように丸覚えする短文から始まる。多くの入門書では会話を前提としているので，疑問文とその回答のような例文を早い段階で導入する。手話では疑問詞が文尾に配置するという文法があるが，日本語と異なることを理解する上でも，将来のためにも早い段階での導入が望ましいと考えられる。しかし，理解しづらい文法項目が次々と示されると，学習者の意欲は逓減するので，文法項目をどう配置していくかが重要な課題である。一般的には，叙述文，疑問文，否定文，命令文などの文型は早い段階で学習しておく方がよいと考えられている。関係節，条件節，譲歩節のような複文は当然，遅い段階になる。

　1つのカリキュラム例として手話技能検定試験の試験範囲集が参考になろう。以下で入手できる。級別に学習目標語彙と学習目標例文が示されている。
　　http://www.shuwaken.org/test/download/testrange.pdf
手話技能検定試験はあらかじめ試験範囲が示され，そのなかから出題されるという試験形式になっており，カリキュラムと一体化した学習効果測定としての機能は高い。現時点では，過去問題の公開販売，中級レベルのテキストが提供されているが，こうした公認テキスト以外にそれぞれの教師，学校が試験を利用するテキスト・カリキュラムを発表することでお互いが切磋琢磨し，手話教育全体のレベルが上がっていくことがのぞましい。

　全国検定と呼ばれる手話会話能力を測定する試験もある。このタイプの試験はどうしても試験者の主観が入りやすい欠点はあるが，実際の会話では同じ表現を同じ人が使用しても伝わることもあり，伝わらないこともあるという実態を考慮し，その対応策を学習することは会話実践力を高めることにつながる。現時点ではそうしたテキストもカリキュラムも未見だが，研究すべきである。そのなかに弱形化法則が見出される可能性が高い。

2　手話検定

近年，手話検定にも関心が高まっている。現在，2つの検定試験が実施されているが，その実態について紹介しておく。

2.1　手話学習者の増加と手話通訳者の誕生

1963年に最初の手話サークルが誕生し，その後手話サークルが全国に広がっていった。そして，1989年には手話通訳士制度が実現した。

しかし，その時点で新たな社会的なニーズが起こってくる。多くの手話学習者から以下のような話を聞く。

- ○　専門の知識や，高い技術レベルを必要とされる手話通訳士試験や，都道府県や市町村の手話通訳試験を何度受験してもなかなか合格できない。
- ○　そもそも専門の手話通訳士になろうとは思っていない。
- ○　自分が手話をどの程度できるようになったかを知りたい，またはそれを特技として履歴書などに示したい。

そこで手話通訳士試験ほど専門的な知識や技能を必要とせず，手話の能力を測る検定試験のようなものが欲しいという声が高まってくる。

1990年代には，仕事や趣味などのいろいろな分野での検定試験が行われるようになり，それまでにあった珠算や英語，パソコン，漢字などの他に，数学，歴史，色彩，アロマテラピー検定などが登場した。

そのような時代背景の中で2000年にNPO手話技能検定協会が発足した。手話技能検定試験は，単なる資格試験ではなく，手話の言語としての側面を取り上げ，語学としての手話学習という視点がある。手話の世界では職業としての手話通訳士，手話通訳者の認定試験はあったが，手話学習者のすべてが手話通訳士・者を目指すとは限らない。そういう人々にとって，学習到達度の測定として，英語検定のようなレベルわけのある試験は学習の動機づけに役立つ。手話通訳士や手話通訳者は合格，不合格の判定しかないので，どこまで到達したかがわからない。後述のように手話検定は試験範囲が公開されている。学習目

標が明確化されているのも他にない特徴である。
　日本ではじめての手話の検定試験が実施されると各方面からいろいろな疑問が寄せられるようになった。
　　（1）　手話は地域によって違うのに，全国共通の試験ができるのか？
　　（2）　日本手話と日本語対応手話のどちらが出題されるのか？
　　（3）　手話の言語技術だけを取り上げて試験をすることには賛成できない。
　　（4）　手話学習者の中に技術による差別が生じるのではないか？
　　（5）　聴覚障害者当事者団体こそが検定試験を実施すべきではないか？
この他にも多数の疑問が寄せられたが，ここに代表的なものに絞って紹介した。これらの疑問に対する説明を以下に述べてみたい。

a　手話は標準化されつつある

　まず手話は地域によって違うのに全国共通の試験ができるかという問題である。現在，手話は地域や年代によって多少の表現の違いが存在するのは事実である。しかし，手話の標準化はいろいろな側面から進められてきた。
　1963年に日本特殊教育協会からわが国初の「手話辞典」が発行された。この辞典には2,137語の手話が紹介されている。以来，今日までさまざまな団体からさまざまな手話辞典が発行されてきた。特筆すべきは1969年に発行された「わたしたちの手話」である。この本は全日本ろうあ連盟が全国の手話の標準化を進めるために厚生省（現在の厚生労働省）から委託された研究をもとにして作られた本で，1970年代には全国の手話サークルや手話講習会で共通のテキストとして用いられてきた。このことによって全国に標準手話が広まっていった。
　またテレビなどの放送メディアの影響も大きい。静岡テレビが制作しFNS系列で全国ネットされた教育番組「テレビ寺子屋」には，1979年から手話通訳が付くようになった。また，1990年より現在のNHK手話ニュースの前身である「きょうのニュース〜聴覚障害者のみなさんへ」がスタートする。そのようななかで全国の聴覚障害者が手話番組を継続的に視聴するようになる。
　このように手話の辞典の整備や手話付きのテレビ番組の広がりにより，全国の手話の標準化は一定の成果がみられるといえる。また，全国の手話がまちまちだから検定試験は実施できないのではなく，手話の検定試験を開始すること

によって全国の手話の標準化をさらに前進させるという発想も必要である。手話の標準化は全国の聴覚障害者同士や聴者との共通理解をするためのものであり，手話の地域差を否定するものではない。その土地に結びついた手話は変化しつつもいつまでも自然に残っていくものである。

　また，1つの手話が手話辞典に標準手話として紹介されていても，現状としてまだそうなっていないものもある。そのような場合には試験問題からは削除するなどの配慮が行われている。

b　2種類の手話を理解していること

　私たちが一般的に「手話」と呼んでいるものには，生まれつき耳の聞こえないろう者が使用する「日本手話」と，日本語を獲得した後に失聴した中途失聴者や難聴者が使用する「日本語対応手話」の2つがあるとされている。本書ではこの2変種を包括して「現代手話」という視点をもっている。いずれにせよ，どちらも現在，日本のなかで広く使われている手話であるために，全国規模の検定試験を行う場合，そのどちらかのみを取り上げるわけにはいかない。したがって手話検定においてはそのどちらも出題している。具体的には5級から準2級まででは，そのどちらも読み取れる力，2級では，そのどちらかを表現できる力，そして，1級では，その両方が表現できる力が要求される。7級は指文字のみ，6級は指文字，数字と単語のみが出題される。

c　手話は独立した1つの言語である

　手話はろう文化と切り離して試験を行うことはできないという議論もある。たとえばある人がフランス人と一緒に仕事をすることになったとしよう。もちろんフランス語を習得することは大切である。しかし同時にフランスの文化や風習，フランス人の物の考え方や交際上のマナーなどを学ばなくては仕事をうまく進めることはできないであろう。それは手話や聴覚障害者の文化にもあてはまる。手話を学ぶ人には手話の技術とともに聴覚障害者の生活や文化，物の見方やマナーを理解しなければ聴覚障害者とうまく付き合っていくことはできないだろう。しかし，だからといってことばとしての手話の技能のみを検定することができないということではない。手話が独立した言語であると考えるなら，その技能のみを検定することは可能である。他の言語の検定試験においてその国の文化や知識を合わせて出題するという話はあまり聞かない。言語技能

第3章　手話学習　109

だけを検定するからといってそれ以外の要素は不要であると考えているわけではない。

d　手話学習には動機付けが必要である

　手話検定によって，学習者のなかに差別が生じるのではないか，という議論もある。しかし，手話学習者は入門，初級段階では多いが，中級，上級と人数が減少していき，やがて上級を終了するのは最初の人数から10〜20％程度になってしまうこともある。

　手話の学習時間が長期化すると新鮮さも失われ，難易度も高くなっていく。つねに学習を継続していくためには達成可能である目標を設定し，動機付けをすることが大切である。5年後に手話通訳士の資格を取るという目標はあまりに大きく，遠い目標である。まずは指文字46文字を覚えて7級の検定試験にチャレンジして合格する。そして次は手話の単語を100語覚えて6級に挑戦しようという目標があればがんばれる。実際に「私は手話通訳士の試験は無理でも手話検定の2級を目指しています」「前回，残念ながら3点足りずに5級の試験に落ちてしまいました。次回の試験では合格したいと思います」「私は60歳までに3級の試験に合格したいと思っています」などの声を聞く。

　もちろん試験であれば合格する人，不合格の人がいてその人たちの間では競争意識が働くことがあるかも知れない。しかし，受験はあくまでも本人の意志であり，それを望まない人は受ける必要はないのだから，受験者に生じる差別感などの弊害よりも，手話を学ぶ人たちが途中で挫折することなく身近な目標を達成しながら学習を継続させる1つの方法として手話検定を利用できる。

e　試験を実施する団体について

　最後に試験を実施するのは聴覚障害者当事者の団体でなければならないという意見について考えてみる。手話技能の検定試験を実施するのであるから問題作成や試験実施にあたっては当然手話に対する幅の広い知識や経験が必要になる。手話技能検定協会は聴覚障害者（ろう者・難聴者・中途失聴者），手話を研究している言語学者，手話通訳士が理事，スタッフを構成している。

　試験会場や，実際の試験問題には一切音声を使用していない。これは聴覚に障害をもつ人であっても等しく受験できるための方策である。また，その他の障害をもつ受験者（車いす・ストレッチャー利用者，弱視者）に対しても障害者

席を設ける,駐車場やバリアフリー会場を手配するなど可能な範囲で配慮を行っている。また,必要な受験者に対しては一部会場でペンライトの貸し出しなど行い,暗い教室のなかでも問題用紙が見やすいように工夫している。

なお,国家認定試験である手話通訳技能試験(手話通訳士試験)もその委託先は障害者の当事者団体ではない。

2.2 手話検定の実際

手話技能検定試験はどのような形で行われているのだろうか。ここでは実施方法の違いから下記の5つに分類して説明する。

　　a　7級試験,b　6級試験～3級試験,c　準2級・準1級試験
　　d　2級・1級試験,e　インターネットによる試験

a　7級試験

7級試験の特徴は,在宅試験ということである。そのため日本全国どこにいても自宅でいつでも受験が可能である。まず,申し込みが完了すると自宅に問題用紙が送られてくる。受験者は自分で解答をし,再び検定協会に送り返す。15営業日以内に結果が送られてくるという流れになっている。

問題は46個の指文字のみで作られていて,たとえば「て」「す」「と」という指文字のイラストが描いてあればそこに「てすと」と解答する。問題は全部で50問あり,80点以上が合格となる。指文字のなかでも,横に動く濁音(例:「が」)や,上に動く半濁音(例:「ぱ」)などは出題されない。受験の目安としては手話学習期間が1カ月,8時間程度を想定している。

自宅で受験するのであれば参考書を見たり,他の人にやってもらうなどの不正も可能ではないかという声も聞く。しかし,他人に受験してもらうために検定料を支払うのは意味のないことである。この試験はあくまでも自分が学んだ指文字をきちんと理解しているかを自分で確認するための試験なのである。

b　6級試験～3級試験

6級から3級の試験は日程・試験会場が設定されている会場試験である。6級から4級は会場試験の他に任意の日程および場所で受験できる集団受験制度がある。

各級の手話学習期間の目安は以下のようになっている。

6級　3カ月　　24時間
5級　6カ月　　40時間
4級　1年　　　80時間
3級　2年　　　160時間

　試験は映像を見て，そこで出題される四者択一問題の答えをマークシートに記入するという方法である。問題は50問で，80点以上が合格となる。実際の試験会場では映像を見ながら手元の問題用紙も同時に見る必要がある。そのために部屋のなかでは照明を一部消灯したり，カーテンを閉めたりするなどして中間的な暗さに調整するなどの配慮をしている。以下に実例を紹介する。なお，実際の試験映像では問題の前にその設問のパターンを理解してもらうための例題の映像がある。また，原則として問題の表現は2回繰り返される。

４級試験問題より

《問題用紙》
　続けて①～④の4つの単語の画像がビデオで2回提示されます。そのうち，性質の異なる単語が1つだけあります。その番号をマークしなさい。

《問題映像》
①自転車　　②自動車　　③亀　　④飛行機

　4つのなかで1つだけ性質が異なるのは③の亀なので正解は③である。この問題は手話で出題されているが指文字で出題される問題もある。

３級試験問題より

《問題用紙》
　続けて①～④の4つの文章の画像がビデオで2回表現されます。その中で次の会話文の（　）の中に入るのにもっともふさわしいものを1つだけ選び，その番号をマークしなさい。
　A　あなたのお子さんは働いているのですか？
　B　（　　　　　）

《問題映像》
①いいえ，彼は歌が上手ですが，私は音楽が苦手です。
②音楽の先生は厳しいから嫌いです。
③いいえ，娘は高校２年生，ろう学校に通っています。
④あなたが歌を覚えてくれて，うれしいです。

　設問にもっともふさわしいのは③である。
　過去の合格率をみると６級や５級は90％程度であるが上の級になるにつれ，合格率が低下していき，３級ではおおむね60％前後である。正答率が低いのは指文字・数字の問題や長文である。受験者には単語の学習だけにとどまらず，指文字や数字を正確に読み取れる力，長文を理解できる力が要求される。
　なお，結果は試験実施から約１カ月後に受験者に郵送される。

c　準２級・準１級試験

　準２級・準１級試験も６～３級までの試験と基本的には同じである。各級の手話学習期間の目安は以下のようになっている。

　　準２級　　３年　　　　240時間
　　準１級　　３年以上　　240時間以上

　試験の方法としては映像を見て，設問に答える。準２級は四者択一問題の答えをマークシートに記入するという方法が40問，そして記述式の長文の読み書き取りが２問である。準１級はすべて記述式で10問が出題される。準２級は試験範囲の単語が2000語，準１級は制限なしとなるためにかなりの語彙数も必要となってくる。では具体的にその問題をみてみよう。

準２級試験問題より

《問題用紙》
記述式問題
　［A］，［B］の２つの長文の画像が，ビデオでそれぞれ２回ずつ提示されます。ビデオの画像を見て，その内容をすべて書き取りなさい。

第3章 手話学習　113

《問題映像》
　一昨日歯科医院に行きました。私の家は田舎なので医院までバスで25分くらいかかります。遠いので大変ですが，私は3カ月に1度行っています。診察の結果，虫歯はありませんでした。医師からは「デンタルフロス」を使うと良いですよと言われました。（日本語訳文，実際は手話動画像）

　3級の長文と比べるとかなり短くなっている。しかし，3級では長文の後に5つの設問に答える形式なので，文章全体が読み取れなくともポイントになる部分だけがわかれば正解となる。また，実際に正解は四者択一の問題のなかに記されているために，あらかじめ選択肢を読めばだいたいその長文の内容が類推できる。しかし，準2級の場合はまったく手がかりがないために文章全体を読み取る力が要求される。さらに上記の問題では25分という数字やデンタルフロスなどの指文字など細かい表現も正確に読み取れなくてはならない。
　次に準1級だが，こちらも筆記試験であるが問題はすべて記述式になる。そのなかに「新しい手話」や「保存手話」も出題されている。実際の試験問題をみてみよう。

準1級試験問題より

《問題用紙》
単文の画像がビデオで2回提示されます。内容をすべて書き取って下さい。

《問題映像》
　問1　去年のミス・ベネズエラにろう者の女性が選ばれました。
　　　　知っていますか？
　問2　彼の名前は，えーっと，あっ思い出した。池田さんだ。

　ここでは問1で「ベネズエラ」という手話が出題されている。この表現は日常会話で使われることは少なく，テレビの手話ニュースなどでみかけるぐらいである。このような表現は国名の手話辞典などでチェックしておく必要がある。一方，問2で出題されているのが「思い出した」という表現である。これはい

わゆる「保存手話」と呼ばれているもので、いままで手話としては存在していたが、はっきりとした訳がなかったものに日本語訳をつけて発表されているものである。これらも全日本ろうあ連盟から毎年発刊されている「新しい手話」で学ぶと同時に聴覚障害者との会話のなかでその使い方を確認しておく必要がある。このように準1級試験では日常会話で使われる手話以外にも幅広く出題されるため総合的な手話の技術と知識が必要になる。なお、7級から準2級までは受験資格はないが、2級は準2級、準1級は2級、1級は準1級にそれぞれ合格していることが必要である。

なお、試験の結果は約2カ月後に受験者に郵送される。

d 2級・1級試験

7級から3級までと、準2級、準1級が筆記試験であるのに対して2級と1級は実技試験になる。

2級試験は課題文を見てそれを手話に表現するものと、3問の質疑応答がある。課題文の表現は日本手話、日本語対応手話のどちらでも構わない。

また、質疑応答では面接員から「この会場までどのような交通手段で来ましたか？」「手話の読み取り技術を向上させるにはどうしたらよいと思いますか？」など自分自身や手話に関する問題などを手話で訊かれ、それに対して手話で返答する。

1級試験では課題文の表現が2問あり、1つは日本手話、もう1つは日本語対応手話で表すことになっている。つまり両方のタイプの手話が表現できなければ1級に合格することはできない。また、1級試験ではその他にディスカッション（討論）も行われる。これは7～8人のグループで行われる試験で、まず司会者から手話でテーマが与えられる。受験者はまずそれぞれがテーマにそって順番に自分の意見を手話で述べ、その後全体でディスカッションを行う。他の人の発言（手話）を正しく読み取り、それに対して自分の意見を手話で表現する力も問われる。審査員は発言中の受験者だけでなく、他の受験者の反応なども合わせて審査をしている。

e インターネットによる試験

自宅で受験できる7級を除けば、手話技能検定試験を受験するためには決められた日に試験会場に行かなくてはならない。しかし、仕事や育児、治療や介

護などの理由によりどうしても試験会場に行けない人もいる。そのような人たちのために自宅のパソコンを使ってインターネットで受験できる。これをIBT検定という。

IBT検定も会場試験と試験範囲は同じで，試験問題を映像で見て四者択一で解答を選ぶという点はまったく代わりがない。なお，一般の検定試験と区別するため合格証にはIBT検定〇級と明記される。ライフスタイルの変化やパソコンの普及などに伴い今後はさらに受験者が増加するのではないかと期待されるが，現時点では受験者が少なく，2008年の実験運用だけで終了している。

2.3 手話検定の課題

2009年現在，手話技能検定協会発足から9年，検定試験も25回と数を重ね，社会的にも認知されてきたがまだまだ課題は多い。ここではそのなかから3つあげてみたい。

（1）安定的な試験実施

現在，試験は全国で8つの主要都市で行われている。そのなかでもすべての級を毎回実施しているのは，東京，名古屋，大阪の3会場だけである。大都市以外では受験者も少ないのが現状である。理想的にはその他の5会場（札幌，仙台，新潟，広島，福岡）においても毎回，すべての級の試験が実施されることが望まれるが，少数では経済的に困難である。手話に対する関心は諸外国に比べ，日本の一般社会ではまだ高くない。手話技能検定受験者はそのバロメータでもある。

（2）教材の充実

検定試験を実施する場合には当然教材が必要になってくる。現在，3級までは公式テキストが制作・販売されており，過去問題も販売されている。協会独自でビデオ・DVD教材を作成し，講座を開催しているが，すべての級に対応するテキストの作成など教材のさらなる充実が望まれる。

（3）試験データの分析

現在，筆記試験と実技試験結果を分析しデータを公開するには至っていない。試験結果を詳しく分析すれば，手話の研究や手話学習にいろいろと応用できる。データの公開には個人情報の排除など一定の処理作業が必要であり，地域差の

結果公開に対する抵抗があるかもしれないなど，クリアしなくてはならない問題もあり，内部情報だけにとどまっている。指文字や数字に誤答が多く，上級に進んでもその傾向は変わらないという分析もあるが公開されていない。

　以上，手話技能検定試験について詳細を紹介した。不明な点については以下に照会してほしい。

　　〒103-0024
　　東京都中央区日本橋小舟町6－13　日本橋小舟町ビル5F
　　特定非営利活動法人　手話技能検定協会
　　Email：office@shuwaken.org

2.4　全国手話検定

　2006年から年1回，全国手話研修センターにより「全国手話検定試験」が開催されることになった。手話学習者にとって選択肢があるということは望ましいが，一方では混乱もある。2つの検定試験が誤認されないように「手話検定」は，NPO手話技能検定協会により商標として登録されている旨が公開されているが，全国手話研修センターは類似商品ではないと主張している。

　全国手話検定試験は詳細な情報が公開されていないので，ホームページから得られる情報は限られているが，それによると，全国手話検定は5級，4級，3級，2級，準1級の5種類がある。手話検定との違いは「ろう者とのコミュニケーション能力」の検定試験である。5，4，3級についてはDVD付のテキストが販売されている。

　詳細については以下に問い合わせるとよい。

　　〒616-8372
　　京都市右京区嵯峨天龍寺広道町3－4
　　社会福祉法人　全国手話研修センター
　　全国手話検定試験事務局
　　Email：syuwakentei@com-sagano.com

第4章　手話通訳

1　手話通訳士

1.1　手話通訳施策の展開

　聴覚障害者と接する人々が手話によるコミュニケーションの必要性を認め，手話を学ぶ会（手話サークル）が発足したのは1963年である。また，この年には手話に関する図書『手話辞典』（松永編）と『日本手話図絵』（早稲田大学ろう心理研究会編）が出版されている。このように手話に関する社会の関心や理解が深まるなかで1970年には国の補助事業として「手話奉仕員養成事業」がはじまった。これにより手話通訳が聴覚障害者の生活支援や社会参加の促進に有効であることが公的に認められ，手話や手話通訳が社会的に評価され，全国に広がる基礎となった。この国の補助事業により全国の都道府県・政令指定都市で手話講習会が開催され，この講習会参加者を中心に手話サークルが作られた。日本手話通訳士協会が1992年に実施した調査（「手話通訳者・奉仕員の養成・派遣制度に関する調査および手話通訳士実態調査報告書」）によれば，図4-1に示すように全国の都道府県・政令指定都市で手話通訳者（手話奉仕員）養成事業を開始したのは1970年がもっとも多く20県であった。

　この手話奉仕員養成事業が全国で実施されるようになり手話通訳ができる人が養成されるにつれて，福祉事務所等聴覚障害者の相談等を受け付けるところに手話通訳を本務とする人を配置する自治体も出てきた。このような状況を反映して1973年には国の補助事業として「手話通訳設置事業」が創設され，聴覚障害者との円滑なコミュニケーションを図るために手話通訳配置の必要性が公的に認められた。さらに，同年には公共職業安定所を訪れる聴覚障害者のために手話通訳を担当する手話協力員が設置されるようになった。このように手話

(回答57ヵ所)

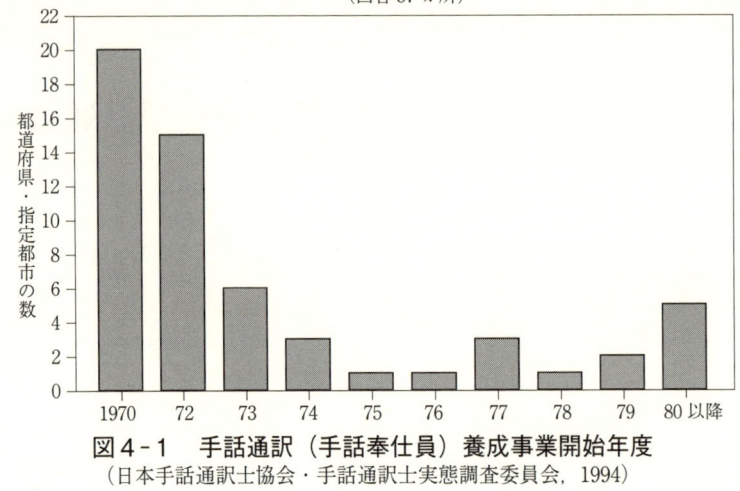

図4-1 手話通訳（手話奉仕員）養成事業開始年度
（日本手話通訳士協会・手話通訳士実態調査委員会，1994）

通訳のできる人が養成され，その配置も広がるなかで1976年には「手話奉仕員派遣事業」が始まり，手話奉仕員の養成・設置・派遣と広がっていった。

1.2 手話通訳士制度の成立

手話通訳についての社会の理解が進み，手話通訳に関する諸施策が進展するなかで，厚生省（現厚生労働省）は，「手話通訳制度調査検討事業」を1982年度予算に計上し，この事業を聴覚障害者の全国組織であった全日本ろうあ連盟に委託した。全日本ろうあ連盟は，学識経験者，手話通訳者，行政関係者等からなる「手話通訳制度調査検討委員会」を組織し，20数回の委員会を開催し検討を進めた。そして，1985年に「手話通訳制度調査検討報告書」としてまとめ，厚生省（現厚生労働省）に報告した。

全日本ろうあ連盟は，この報告書の「第2部　手話通訳士（仮称）制度のあり方」のなかで「手話通訳士」という手話通訳に関する高度の知識と技能を有し，専門職としての倫理を備えた手話通訳者を公的に認定する制度の必要性を提言した。この報告書では，具体的に次のように提言されている。「聴覚障害者のコミュニケーション保障を進めるうえで大きな役割を果たしている手話通訳事業の確立を図り，健全な発展を期することの重要さを強く認識した」。「手話通訳における専門性の確立によって聴覚障害者の通訳ニーズに真正面から応

えることを期するために「手話通訳士（仮称）制度」の在り方を提言するものである」。

　厚生省（現厚生労働省）は，この提言を受けて「手話通訳士（仮称）」の認定制度の実現に向けて，全日本ろうあ連盟に手話通訳認定基準等の調査検討を再度委託した。全日本ろうあ連盟は，「手話通訳認定基準等策定検討委員会」を組織し，1986年から1988年まで検討を行い，「『手話通訳士（仮称）』認定基準等に関する報告書」をまとめ，報告した。この報告書では手話通訳士（仮称）認定制度の目的，受験資格，試験委員会の構成，実施方法など「手話通訳士（仮称）」認定制度の実現に向けた具体的な基準を示した。さらに，手話通訳者の養成や「手話通訳士（仮称）」認定以降の課題についても検討し，報告している。

　厚生省（現厚生労働省）は，この報告書を受けて，さらに具体的な実施に向けての検討委員会を設け，検討を進めた。そして，1989年5月20日に「手話通訳を行う者の知識及び技能の審査・証明事業の認定に関する規程（厚生労働省告示第108号）」を大臣告示した。そして，2009年3月31日には，この大臣告示を身体障害者福祉法第45条の規定にもとづき，「手話通訳を行う者の知識及び技能の審査・証明事業の認定に関する省令」として，次のように定めた。

第1条（目的）　この省令は，聴覚，言語機能又は音声機能の障害のため，音声言語により意思疎通を図ることに支障がある身体障害者（以下「聴覚障害者等」という）とその他の者との間の意思疎通の確立に必要とされる手話通訳（手話により聴覚障害者等とその他の者の意思疎通を仲介することをいう。以下同じ）を行う者の手話通訳に関する知識及び技能（以下「手話通訳技能」という）についての審査・証明（以下「審査等」という）を行う事業（以下「審査・証明事業」という）の認定に関し必要な事項を定めることにより，手話通訳技能の向上を図るとともに手話通訳を行う者に対する社会的信頼を高め，聴覚障害者等の社会参加を促進し，併せて手話の発展を図るとともに，身体障害者福祉法第4条の2に規定する手話通訳事業の適切な実施を確保し，もって国民の福祉の増進に寄与することを目的とする。

第2条（認定）　厚生労働大臣は，審査・証明事業であって，手話通訳技能の向上を図り，手話通訳を行う者に対する社会的信頼を高める上で奨励すべき

ものを，次条に規定する基準により認定する。

第3条（認定の基準）　審査・証明事業の認定の基準は，次のとおりとする。
一　審査・証明事業を実施する者が，一般社団法人若しくは一般財団法人又は社会福祉法（昭和26年法律第45号）第22条に規定する社会福祉法人（以下「一般社団法人等」という）であって，次に掲げる要件を満たすものであること。
　イ　聴覚障害者等の福祉の増進に積極的に寄与し，かつ，審査・証明事業を実施する者としてふさわしいものであること。
　ロ　その役員の構成が審査・証明事業の公正な実施に支障を及ぼすおそれがないものであること。
　ハ　審査・証明事業以外の業務を行っている場合には，その業務を行うことによって審査・証明事業が不公正に実施されるおそれがないものであること。
　ニ　審査・証明事業を的確かつ円滑に実施するために必要な経理的基礎及び事務的能力を有するものであること。
二　審査・証明事業が十分な社会的信用を得られる見込みを有するものであること。
三　審査等が試験及び登録により行われるものであること。
四　試験が全国的規模で毎年1回以上行われるものであること。
五　審査等の対象となる手話通訳技能の水準についての審査の基準（以下「審査基準」という），試験の実施の回数，時期及び場所並びに試験問題の水準及び合格者の判定方法その他試験の実施方法が適切なものであること。
六　審査・証明事業を実施する者が，試験科目及びその範囲の設定，試験問題及び試験実施要領の作成並びに手話通訳技能の程度の評価に係る事項その他技術的事項に関する業務を行う場合は，試験委員に行わせるものであること。
七　試験委員は，認定試験に関し高い見識を有する者であって，当該技能について専門的な技術又は学識経験を有する者のうちから選任するものであること。

第4条（認定の申請）　第2条に規定する認定を受けようとする一般社団法人等

は，名称，代表者の氏名，住所及び認定を受けようとする審査・証明事業の名称を記載した申請書に次に掲げる書類を添えて，厚生労働大臣に提出しなければならない。
一　定款
二　役員の名簿及び履歴書
三　申請の日の属する事業年度の直前の事業年度の末日における財産目録，貸借対照表及び財産の権利関係を証する書類
四　申請の日の属する事業年度の事業計画書及び収支予算書
五　申請の日の属する事業年度の翌事業年度から申請の日から起算して3年を経過した日の属する事業年度までの各事業年度の審査・証明事業の実施及び収支に係る計画を記載した書類
六　審査・証明事業に関する事務組織を記載した書類
七　審査・証明事業の実施要領
八　審査基準を記載した書類
2　前項第四号に掲げる書類は，審査・証明事業に係る事項と他の業務に係る事項とを区分して記載したものでなければならない。
3　第1項第七号に掲げる実施要領は，次に掲げる事項を記載したものでなければならない。
一　審査等を受けようとする者の資格に関する事項
二　試験委員の選任に関する事項
三　試験の実施の回数，時期及び場所に関する事項
四　試験問題及び合格者の判定に関する事項
五　合格者の登録の有効期限その他の合格者の証明に関する事項
六　登録者に称号を付与する場合にあっては，その名称その他の称号の付与に関する事項
七　審査等の手数料に関する事項
八　審査等の業務に関して知り得た秘密の保持に関する事項
九　審査等の業務に関する帳簿及びその保存に関する事項
十　前各号に掲げるもののほか，審査等の業務に関し必要な事項

第5条（厚生労働大臣の認定を受けた旨の表示）　第2条に規定する認定を受け

た審査・証明事業を実施する一般社団法人等（以下「認定法人」という）は，審査・証明事業を実施するときは，厚生労働大臣の認定を受けたものであることを明示していなければならない。

第6条（変更の承認等）　認定法人は，審査・証明事業の名称，審査・証明事業の実施要領又は審査基準を変更しようとするときは，その変更の内容，理由及び時期を記載した変更申請書を厚生労働大臣に提出して，その承認を受けなければならない。

2　認定法人は，定款，役員又は審査・証明事業に関する事務組織を変更したときは，遅滞なく，その変更の内容及び時期を記載した変更届出書を厚生労働大臣に提出しなければならない。

第7条（事業計画書等の提出）　認定法人は，毎事業年度開始前に，当該事業年度の事業計画書及び収支予算書を厚生労働大臣に提出しなければならない。

2　第4条第2項の規定は，前項の事業計画書及び収支予算書について準用する。

第8条（事業概要報告書等の提出）　認定法人は，毎事業年度終了後3月以内に，次に掲げる書類を厚生労働大臣に提出しなければならない。
　一　当該事業年度の事業概要報告書
　二　当該事業年度の収支決算書
　三　当該事業年度末の財産目録及び貸借対照表

2　第4条第2項の規定は，前項第一号及び第二号に掲げる書類について準用する。

3　認定法人は，第3条第六号に規定する試験委員を選任したときは，遅滞なく，試験委員の氏名，略歴，担当する試験業務及び選任の理由を記載した届出書を厚生労働大臣に提出しなければならない。

4　認定法人は，試験を実施したときは，遅滞なく，試験の内容及びその結果を記載した帳簿を厚生労働大臣に提出しなければならない。

第9条（報告の徴収等）　厚生労働大臣は，審査・証明事業の実施に関し必要があると認めるときは，認定法人に対して報告又は資料の提出を求めることができる。

第10条（審査・証明事業の廃止）　認定法人は，第2条に規定する認定を受け

た審査・証明事業を廃止しようとするときは、その廃止の理由及び時期を記載した廃止届出書を厚生労働大臣に提出しなければならない。

第11条（改善勧告）　厚生労働大臣は、認定法人が実施する審査・証明事業の適正な運営を確保するため必要があると認めるときは、当該法人に対し、審査・証明事業の運営の改善に必要な措置をとるべきことを勧告することができる。

第12条（認定の取消し）　厚生労働大臣は、認定法人が次の各号のいずれかに該当するときは、第2条の認定を取り消すことができる。

一　第3条に規定する認定の基準に適合しなくなったとき。

二　第6条第1項の規定により厚生労働大臣の承認を受けなければならない場合において、その承認を受けなかったとき。

三　第6条第2項、第7条第1項、第8条第1項、第3項若しくは第4項又は第9条の規定により書類の提出又は報告をしなければならない場合において、その書類の提出若しくは報告をせず、又は虚偽の書類の提出若しくは報告をしたとき。

第13条（認定等の告示）　厚生労働大臣は、第2条の規定により認定をしたときは、認定法人の名称及び住所並びに当該認定法人が実施する審査・証明事業の名称その他必要な事項を官報で告示する。これらの事項の変更について第6条第1項の規定により承認をし、又は同条第2項の規定により変更届出書を受理したときも、同様とする。

2　厚生労働大臣は、第10条の規定により廃止届出書を受理したとき又は第12条の規定により認定を取り消したときは、その旨を官報で告示する。

　この省令の第2条により厚生労働省は、聴力障害者情報文化センターを試験実施法人として認定し、1989年から手話通訳技能認定試験（手話通訳士試験）が実施された。この試験の合格者には、聴力障害者情報文化センターに登録することによって「手話通訳士」の称号が付与され、手話通訳の知識技能のレベルが一定水準以上であることが公的に認められることとなった。この結果、手話通訳士は、テレビ放送、政見放送、講演会などさまざまな場面で手話通訳を行い、聴覚障害者と聴覚に障害のない人との間のコミュニケーションを仲介す

るようになった。

1.3 手話通訳士制度成立の意義

　聴覚障害者や関係者の長い間の希望であり，10年間に及ぶ検討を経て実現した手話通訳士の認定制度は，手話や手話通訳の必要性について社会に理解を広め，手話通訳の制度を発展させていくために重要な意味をもっている。この手話通訳士認定制度の意義は，次の4つにまとめることができる。

　まず第1に，この手話通訳士認定制度が発足するまで手話通訳者は，手話通訳の方法や技術について体系的な教育を受ける機会はほとんどなく，先輩や仲間の手話通訳を見て体験的に学んできた。したがって，自分の手話通訳のレベルを客観的に評価し，弱点や問題点について見当を加える機会もあまりなかった。しかし，手話通訳士の制度が開始されることにより，試験を通して専門職としての手話通訳者の通訳技術レベルが具体的に示された。そして，専門的な手話通訳を目指す人は，この通訳技能レベルに到達しなければならないという目標が示された。この目標は，手話通訳者の通訳技能レベルを全体的に向上させるという点で重要な意義があった。

　第2に，手話通訳者の社会的地位の向上という点があげられる。最初に手話通訳に携わった人たちは，親や兄弟に聴覚障害者がいる人であったり，聴覚障害福祉や教育の関係者であった。このために自発的な奉仕活動として手話通訳活動を行ってきた。また，このような手話通訳は個人の善意から行う行為だったために通訳料を受け取ることなどはまったく考えられなかった。このために当初手話通訳に携わった人たちは，自分の仕事の合間にしか手話通訳を行うことができず，手話通訳技能向上のための学習や訓練の時間を確保することも困難であった。したがって，当初手話通訳に携わった人たちの手話通訳技能のレベルは，全体として必ずしも高くなく，多くは専門的なレベルまで達していなかった。しかし，手話通訳士試験が実施されることによって，手話通訳者の通訳技能のレベルが示され，公的に資格が認定されることにより，手話通訳者は専門職としての地位と処遇を求めることが可能になった。

　第3に，手話通訳士試験が全国斉一的基準によって実施されることのより，手話通訳を必要とする人たちは，通訳技能レベルが一定以上であると認定され

た手話通訳士に安心して手話通訳を依頼することができるようになった。したがって，手話通訳を必要とする人たちは，全国どこでも質の高い手話通訳サービスを平均的に受けることが可能になった。

　第4に，手話通訳士制度の発足により，聴覚障害者と聴覚に障害のない者との間のコミュニケーションを仲介するのに手話通訳が必要なことが公的に認められ，手話や手話通訳が一般社会に広く理解されるようになった。この結果，聴覚障害者の社会参加が促進され，国民全体の福祉の増進に寄与することとなった。

1.4　手話通訳士試験の実施

　手話通訳士試験は，聴力障害者情報文化センターを実施法人として1989年度から毎年実施され，2008年度が20回目の実施となる。この手話通訳士試験は，学科試験と実技試験から構成されている。当初は学科試験の合格者だけが実技試験を受験できることになっていたが，試験の実施方法が改善され，現在は学科試験と実技試験が両方とも受けられるようになっている。また，学科試験の科目も5科目から4科目に変更されている。

　学科試験の4科目は，「障害者福祉の基礎知識」「聴覚障害者に関する基礎知識」「手話通訳のあり方」「国語」である。これらの学科目の出題基準は，手話通訳技能認定試験（手話通訳士試験）の「受験の手引き」に示されている。なお，この「受験の手引き」は，手話通訳技能認定試験（手話通訳士試験）の実施法人である聴力障害者情報文化センターより入手できる。

　手話通訳士試験は，2008年9月現在19回実施され，合格者は2035人に達している。都道府県別に合格者数を示すと表4-1の通りである。合格者の数は，都道府県によってばらつきがある。東京都のように466人が合格し，人口に比べても多数の合格者を出しているところもあるが，一方では10人以下の合格者しか出していない県もある。手話通訳士も都市部に偏在していることが分かる。
　つぎに，手話通訳士試験（手話通訳技能認定試験）の受験者数，合格者数，合格者の性別等をみると，表4-2に示すように第1回が受験者1097人合格者197人（合格率18.0%），第2回が受験者640人合格者124人（合格率19.0%），第9回が受験者619人合格者86人（合格率13.9%），第18回が受験者1034人合格者228人

表4-1　都道府県別手話通訳士合格者数（第1回～第19回までの累計）

都道府県名	合格者数累計	都道府県名	合格者数累計
北海道	57	滋賀県	24
青森県	16	京都府	82
岩手県	16	大阪府	128
宮城県	26	兵庫県	75
秋田県	11	奈良県	24
山形県	12	和歌山県	23
福島県	30	鳥取県	7
茨城県	20	島根県	9
栃木県	14	岡山県	21
群馬県	41	広島県	43
埼玉県	138	山口県	15
千葉県	49	徳島県	10
東京都	466	香川県	17
神奈川県	213	愛媛県	23
新潟県	13	高知県	13
富山県	11	福岡県	68
石川県	22	佐賀県	3
福井県	7	長崎県	18
山梨県	18	熊本県	23
長野県	28	大分県	15
岐阜県	18	宮崎県	14
静岡県	32	鹿児島県	19
愛知県	63	沖縄県	7
三重県	33	合計	2,035

出典：聴力障害者情報文化センター試験に関する情報より

表4-2　手話通訳士試験の受験者数等

	第1回試験	第2回試験	第9回試験	第18回試験	第19回試験
受験者	1097人	640人	619人	1034人	961人
合格者	197人	124人	86人	228人	246人
合格率	18.0%	19.4%	13.9%	22.1%	25.6%

表4-3　手話通訳士試験合格者の性別と平均年齢

	第1回試験	第2回試験	第9回試験	第18回試験	第19回試験
合格者	197人	124人	86人	228人	246人
男性	56人	26人	13人	29人	31人
	28.4%	21.0%	15.1%	12.7%	12.6%
女性	141人	98人	73人	199人	215人
	71.6%	79.0%	84.9%	87.3%	87.4%
平均年齢	35歳	36歳	35歳	42歳	42歳

（合格率22.1%），第19回が受験者961人合格者246人（合格率25.6%）であった。受験者数は，しばらく減少したが現在900人程度で推移している。合格率は13〜25パーセントで合格者は厳選されていることが分かる。

　さらに，手話通訳士試験合格者の性別，平均年齢をみると，表4-3に示すように第1回が合格者197人中男性56人（28.4%）女性141人（71.6%），第2回が合格者124人中男性26人（21.0%）女性98人（79.0%），第9回が合格者86人中男性13人（15.1%）女性73人（84.9%），第18回が合格者228人中男性29人（12.7%）女性199人（87.3%），第19回が合格者246人中男性31人（12.6%）女性215人（87.4%）であった。手話通訳士試験の合格者は，女性が圧倒的に多く，現在はその約9割を女性が占めている。さらに，合格者の平均年齢をみると，第1回が35歳，第2回が36歳，第9回が35歳，第18回が42歳，第19回が42歳とやや年齢が高くなる傾向がある。これは手話通訳士を目指す若い人が十分に増えていないことを示している。

　手話通訳士試験が始まって約20年が経過しようとしているが，手話通訳に関する十分な知識技能をもった通訳者が全国的に存在し，手話通訳を必要とする全国約30万人聴覚に障害のある人々が利用できるような状態にはいたっていない。

1.5　手話通訳士制度の影響

　手話通訳士制度の発足は，聴覚障害者が聴覚に障害のない人とコミュニケーションを行う場合，手話通訳がもっとも有効な手段であることが社会的に認められたことを意味する。この結果，厚生労働省が中心に進められてきた手話や

手話通訳に関する施策に関係省庁も取り組むようになった。たとえば，NHKは，1990年4月からテレビ手話講座「みんなの手話」，手話ニュース（「今日のニュース－聴力障害者のみなさんへ」）の放送を開始している。この手話ニュースは，1994年4月から夕方の番組だけでなく昼間の時間帯にも放送されるようになった。また，1990年には国立身体障害者リハビリテーションセンター学院に手話通訳専門職員養成課程と手話通訳士専門研修会が新設された。さらに，1992年から聴覚障害者が気軽に郵便局を利用できるように手話のできる職員の養成をはじめている。さらに，1994年からは聴覚障害者が一目でわかるように手話のできる警察官がバッジを全国で着用することを決めた。そして，7都府県の交番20カ所で56人が手話で案内しており，日常会話が可能な警察官は200人前後いると発表している。1995年の参議院選挙から比例代表選挙の政見放送に手話通訳を導入することが可能になった。この場合，政見放送の手話通訳に携わる人は手話通訳士とされている。

　2000（平成12）年には社会福祉事業法（社会福祉法に名称も変更），身体障害者福祉法等一連の福祉関係法が改正され，手話通訳事業が法律に位置付けられた。社会福祉法第2条で手話通訳事業が第2種社会事業として規定された。また，身体障害者福祉法第4条の2で，「この法律において『手話通訳事業』とは，聴覚，言語機能又は音声機能の障害のため，音声機能による意思疎通を図ることに支障がある身体障害者（以下この項において『聴覚障害者等』という）につき，手話通訳等（手話その他厚生労働省令で定める方法により聴覚障害者等とその他の者の意思疎通を仲介することをいう）に関する便宜を供与する事業をいう」と規定されている。

　これら一連の法改正によって，手話通訳事業が法的にも位置づけられ，手話通訳事業を行うことで社会福祉法人を立ち上げることも可能になった。

　2005（平成17）年の障害者自立支援法の制定に伴って手話通訳者の派遣が市町村の地域生活支援事業として位置づけられた。障害者自立支援法の第77条において，コミュニケーション支援事業は，「聴覚，言語機能，音声機能その他の障害のため意思疎通を図ることに支障がある障害者等につき，手話通訳等（手話その他厚生労働省令で定める方法により聴覚障害者等とその他の者の意思疎通を仲介することをいう）を行う者の派遣」と規定されている。

第4章 手話通訳　129

　国際的な動向を含めてみると，障害者に関する権利条約が第61回国連総会で採択された。この条約の第2条定義において，「『意思疎通』とは，言語，文字表記，点字，触覚を使った意思疎通，拡大文字，利用可能なマルチメディア並びに筆記，聴覚，平易な言葉及び朗読者による意思疎通の形態，手段及び様式並びに補助的及び代替的な意思疎通の形態，手段及び様式（理由可能な情報通信技術を含む）をいう。『言語』とは，音声言語及び手話その他の形態の非音声言語をいう」（障害者の権利に関する条約，外務省仮訳より）としている。

　わが国は，2007年9月に障害者の権利に関する条約に署名し，現在，早期の締結を目指して国内法令の整備を急いでいる。手話を言語として認めた，この条約を批准することで手話や手話通訳士に関する理解はさらに広がり，教育・職業における情報保障の領域でさらに拡大することが期待されている。

2　手話通訳の実際

2.1　手話通訳の歴史

a　手話通訳の起こり

　人類が発生した瞬間から，そのなかには目の見えない人，耳の聞こえない人，体が不自由な人は存在していたはずである。また，目や体に障害をもつ人に比べて，耳の聞こえない人は労働や移動にあまり不自由もなく，多くの人たちは農作業や家事労働に従事していた。江戸時代，小林一茶の残した俳句のなかにも耳が聞こえず話せない人が登場しており，その存在も周りの人たちには知られていた。

　手話の誕生は，一般的には耳の聞こえない人たちが集団をつくった時，即ち海外であれば，1760年フランスのパリでド・レペ（de l'Epée, C.M., 1712-1789）が耳の聞こえない子どもを教えた時，また日本であれば1878年（明治11年）に京都に盲啞院が立てられた時とされている。しかし，それ以前からも当然聞こえない人たちは身振り手振りで家族や周りの人たちと意思の疎通を図っていた。そのように1人の聞こえない人を中心にその周りだけで使われる手話をホームサインと呼ぶ。当然，そのサインを知っている人が知らない人に対して「この人はいま『お腹が空いている』と言っている」「この手振りの意味は『トイ

レ』です」と伝えることがあったはずである。海外でも日本においても初期の頃の手話通訳者はたいてい耳の聞こえない人の家族か，学校の先生か，聖職者であった。手話通訳の原点は，ホーサインを理解し，聞こえない人たちのすぐ近くにいたそれらの人たちが橋渡し的に行った行為と考えられる。

b　1960年代

　さて日本において手話通訳が本格的に行われるようになったのは1960年代である。その背景としては，戦争のために一時解散を命じられた全日本ろうあ連盟が1947年に再建されたことがある。全日本ろうあ連盟は，自分たちの生活向上のためにさまざまな福祉制度を実現させようと行政との交渉や他の障害者団体との合同会議などを積極的に行っていた。このような場では必ず手話通訳者を介して行政の担当者や他の障害者との意思疎通を図っていったのである。

　さらに1963年に日本ではじめての手話を学ぶサークル「みみづく」が結成され，1966年の暮れには京都府議会ではじめて議場内に手話通訳が配置された。東京では1967年に中野区で選挙の立会演説会の壇上に手話通訳者が立った。やがて手話通訳は全国各地に波及していった。

　また，この時代，耳の聞こえない女性が激しい腹痛で病院を訪れたが手話が通じず，後に腸捻転のために死亡するという出来事や，耳の聞こえない男性が寿司屋で飲食中に他の客とトラブルになり仲裁に入った店主が転倒して亡くなってしまうという事件（蛇の目寿司事件公判1966年）が起き全国に報道された。耳の聞こえない人たちの間には自分たちが安心して豊かな社会生活を送るためには，手話通訳が不可欠だという意識が芽生え，手話通訳者の必要性をさらに社会にアピールしていこうという気運が高まっていった。

c　1970〜80年代

　その後1970年には国の身体障害者社会参加促進事業に手話奉仕員養成事業が加えられた。その結果，全国各地の市町村による手話講習会が開催されるようになり，またそこで学んだ人たちが手話サークルを作っていった。1973年には手話通訳設置事業が，1976年には手話通訳派遣事業が開始された。長年の願いであった「養成」「設置」「派遣」という3つの柱が確立した。

　　①手話通訳のできる人材を育てること（養成）
　　②役所や福祉事務所などに手話通訳がいること（設置）

③病院や会社など必要な場所に派遣してもらえること（派遣）

70年代に制度上，法律的な整備が行われたが，手話や手話通訳の存在を日本の多くの国民が知るのは1981年の国際障害者年であった。この障害者年をきっかけに，行政や企業や団体が主催する講演会やシンポジウムなどには必ず手話通訳者が舞台に立つようになった。東京では毎週のように各地のホールで手話通訳付きの講演会などが開かれていた。テレビの番組にも障害者や手話通訳者がたびたび登場するようになった。それが翌年のなるとまったくなくなってしまったことを考えるとある意味で一過性のお祭り，ブームで終わったという評価もできるだろう。しかし，国民の多くは国際障害者年をきっかけにして障害者や手話，手話通訳者の存在を知るようになったのは間違いないことである。

2.2　手話通訳の現状と課題

手話通訳の現状と課題としては，2005年に聴覚障害者のコミュニケーション支援の現状把握および再構築検討委員会から出された報告書が問題として「レベルの高い手話通訳者養成の困難性」と「そのレベルに達し資格を取得した手話通訳士の職業的な受け皿が不十分なこと」の2点を揚げている。ここではさらに「手話通訳者の全国的な不足と不均等」と「頸肩腕症候群などの職業病問題」について述べる。

a　手話通訳者養成の困難性

手話を学習している人，手話通訳者を見たことがあるという人にとって，手話通訳者と聞いてすぐに思い浮かべるのは40～50代の女性の姿であろう。もちろん20代，30代の通訳者もいるし，男性もいるが多くは40代である。実際に全国手話通訳問題研究会の調査（2005）によると，自治体や団体に設置通訳者として雇用されている者の年齢は，40代が40.1％，ついで50代が35.0％，30代が15.5％，29歳以下が4.4％，60歳以上が4.3％となっている（図4-2）。また女性は92.9％，男性は7.1％である。年齢が比較的高いことにはいろいろな理由があるが，第1に手話を学び通訳ができるようになるにはある程度の経験が必要になることがある。専門の養成学校で手話を学んだ人でさえ，卒業と同時に手話通訳技能認定試験に合格するのは少数である。多くの人たちは手話講習会で手話を学び，その後手話サークルに入会し，5年，10年と聴覚障害者との交

流を深め，研修会などに参加していくなかで手話の技術，そして通訳者としての経験を積んでいく。養成方法も改善が必要であるが，もともと2年や3年でも手話はマスターできると想定し，その期間で手話通訳を養成しようとする考えに無理がある。手話に興味をもち，学習する人はこの30年で爆発的に増えている。しかし，その割にはレベルの高い手話通訳者の数はそれほど増えていないのが現状である。

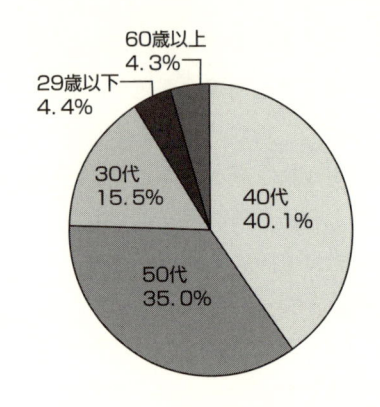

図4-2 手話通訳者の年齢
（全国手話通訳問題研究会，2005より作成）

- 29歳以下 4.4%
- 30代 15.5%
- 40代 40.1%
- 50代 35.0%
- 60歳以上 4.3%

b 不十分な職業的受け皿

手話通訳士試験に合格し資格を取得しても，就職先がない，職業として成り立ちにくいという問題がある。前述のように手話通訳者が40代の女性が多いというもう1つの理由として，経済的に成り立ちにくいために，結婚し配偶者の収入により生活の基盤は安定し，子育てもある程度負担が少なくなった家庭の主婦がその中心的な担い手になっていることがある。手話通訳者のなかでも比較的安定している立場である設置通訳者でさえ，27.1%の人たちが正職員ではなく嘱託という雇用形態である。多くの通訳者は残業手当や賞与，退職金などがなく，1年ごとに契約を更新するなどきわめて不安定な就労形態である。

c 手話通訳者不足と不均等

2008年現在，全国に手話通訳士は2014名である。1989年に手話通訳士試験制度が開始された。その時，全国にいる聴覚障害者が約40万人で，当面の目標として聴覚障害者100人に1人の手話通訳士，すなわち4000人の養成を目標に掲げた。しかし，制度開始から20年経った現在（2008年）でも手話通訳士の数は2014人と目標の約半数である。

手話通訳士が多い県と少ない県の不均等も大きい。東京都には452名の通訳士が登録されているにもかかわらず，佐賀県には1名しか登録されていない。現在，テレビの政見放送では手話通訳士の資格をもった手話通訳者が担当することと定められているが，現実問題として，手話通訳士が少ない県においては他県の支援がないと対応できないという問題が起きている。障害者に関する大

きな研究会などを開催する場合，分科会などで一度に20人，30人の手話通訳が必要になり，近隣の県から手話通訳者を派遣してもらうということは時々行われている。手話通訳者の不足は，養成，職業的受け皿の問題とも大きくかかわっているが，とりあえず当面の目標の4000人を達成することが急務である。

d 職業病問題

手話通訳者の職業病である「頸肩腕症候群(けいけんわん)」は手話通訳を長く続けている人に起こる病気で，症状としては手指や腕，肩，頸部の筋肉や関節の痛み，不眠，イライラするなどの抑うつ感などがある。重度になると握力が低下し，ものがもてない，通訳をしようとしても手が動かないなど入院が必要な状態になる。

わが国で最初に頸肩腕症候群の事例が報告されたのは1984年，札幌のことであったが，当時，全国的にはそのような症例は報告されておらず，個人的な問題，あるいは北海道の寒冷気候に起因するものではないかとあまり注目されなかった。しかし，1988年以降全国の手話通訳者の間で同様の健康障害が発生し，次第に職業病と認識されるようになった。

手話通訳者はつねに両腕を自分の胸の前の高い位置に維持し，高速で運動させている。一般的に成人男性の片腕の重量は3～4kgで，6～8kgの両腕を長時間，宙に浮かし，支え，動かしているので，肩や腕などの筋に過度の疲労を蓄積させることになる。

また，手話通訳者は，音声日本語を手話に翻訳し，手話を音声日本語に翻訳するという性質の異なる通訳を繰り返し行っているので，高度で高密度な脳（中枢神経）の働きが必要になる。実験により聞き取り通訳中の手話通訳者の疲労を調べてみると，開始から約10分で急速に疲労が強まり，「うまく翻訳できない」「ことばを聞き漏らす」状態になる。時間の経過とともにこの状態は顕著になり，こうした労働を長時間，そして慢性的に続けることは「夜眠れない」「イライラする」「ものを考えたくない」状態へと症状を進行させていく。

滋賀医科大学の垰田和史教授は手話通訳者の体のメカニズムも病気の原因になっていると指摘する。安静にしている手話通訳者に日本語の音声が録音されたテープを聴かせると，音声を聞いているうちに体は静止しているにもかかわらず，筋肉は手話通訳で手を動かしている時と同じ電気反応がある。つまり手話通訳者は通訳をしている時以外でも，日本語を耳にすると自然に体が反応す

るのである。手話通訳者は病気に対する正しい理解をもち，適度な休息やストレッチ運動など予防を心がけることが大切である。

2.3　場面別の手話通訳
a　医療場面

　聴覚障害者にとってもっとも必要とされるのが病院などでの医療場面の手話通訳である。ある調査によると手話通訳を依頼する場面での第1位であり，全体の通訳件数のなかで医療関係の手話通訳は第1位である。

　しかし，全国の医療機関のなかで実際に手話通訳者を常駐させているところはきわめて少ない。聴覚障害者の医療に関心をもつ医療関係者のネットワークによると，全国で専任の手話通訳士を配置している医療機関はたったの16カ所しかない。もちろん医師や看護師，事務職のなかに手話ができる職員がいるというところはもっと多いが，手話通訳だけを仕事としている職員を配置しているところは少ないのが現状である。北海道に3，京都に2，大阪1と地域的にも偏りがある。東京などでは，1カ所の病院に通訳者を配置するのではなく，待機する場所から近くの病院，会社，学校など必要に応じて手話通訳者を派遣するという派遣センター方式を進めてきたということも通訳者が病院などに設置されていない理由である。

　病院での手話通訳は外来受診申し込み，診察，検査，入院手続き，入院生活，手術前後の説明など多岐にわたる。はじめて病院で依頼者と待ち合わせする時には胸に手話通訳者である目印となるワッペン（図4-3）を付ける。多くの病院は朝大変混雑しているし，そのなかで体調の悪い聴覚障害者の患者が手話通訳を捜すのは大変困難である。また院内は医療機器への影響から携帯電話の使用も制限されメールでやりとりできない。依頼者と確実に出会うことから通訳者の仕事がはじまる。

　待合室や検査室では多くの場合，患者は名前または番号を音声で呼び出される。通訳者としてはいつ名前を呼ばれても対応できるように準備しておかなくてはならない。待合室では，通訳者自身が診察時に正しく通訳ができるよう，相手の手話のタイプや，指文字・空文字・筆談・読唇など主要なコ

図4-3　ワッペン

ミュニケーション手段についても確認しておく。また患者が受診の際にスムーズに病状が伝えられるように話を整理しておくことも必要になる。多くの場合は事前に問診票を記入する。聴覚障害者のなかにはたとえば「アレルギーはありますか？」などの質問の内容が理解できない人もいる。そのような場合は「たとえば以前魚を食べて赤い発疹が出たり，体がかゆくなったりしたことがありますか？」などと手話で具体的に補足説明をすることもある。医療場面での手話通訳がうまくいくかどうかは，診察室に入る前の待合室や問診表作成などの準備が重要になってくる。

図4-4　薬の番号

　手話通訳ではどのような場面でも話の内容を正確に伝えることが大切だが，とくに命や健康にかかわる医療場面では細心の注意が必要となる。診察室では話し漏らしたことや聞き漏らしたことがないかを聴覚障害者の患者に確認することも必要な援助である。

　ただし，治療を受ける主体は聴覚障害者本人であることを忘れないようにしなければならない。1998年の手話通訳技能認定試験（手話通訳士試験）では不正解の選択肢として「通訳者として，ろう者といっしょに診察室に入ったら，まず通訳者が自己紹介を行う。医療場面では，ろう者は患者として来ているのであるから，つねに通訳者がリードする」という設問を出題しているが，この文章が過ちであるのは「つねに通訳者がリードする」という文言である。相手に合わせての援助は当然必要であるが，治療を受ける聴覚障害者自身が通訳を利用しているということを本人も通訳者も忘れてはならない。

　診察が終わると，会計や薬局へ行く。最近は医療費の支払いは番号で呼び出し，機械で行うところも増えてきた。（図4-4）最初の1～2回だけは一緒に作業を行い説明するが，慣れてきたら1人でできるように促すことも必要である。多くの都道府県では障害者手帳の等級により医療費の補助を行っているが

中途失聴者のなかにはそのような福祉制度を知らない人もいるので医療券の有無や，手続きについても説明が必要である。

b　職業場面

2001年の「身体障害児・者の実態調査」によれば18歳以上の在宅言語障害者34万6000人のうち，仕事に就いている人は8万8000人である。全体の25.4％，4分の1の人しか働いていない。聴覚障害者の就労状況はきわめて厳しいものといわざるをえない。

職業場面の通訳としては面接，研修，労働組合，職場内でのトラブルなどがある。ここで会社内での手話通訳に関する理解を深めるために東京都のある手話通訳者の体験談を以下に紹介したい。

◇手話通訳者Sさんの話◇

　私は20数年間，ある会社の労働組合で手話通訳を担当しています。その会社は従業員数が220名程度の会社で，年に数回，労働組合の集会を開催しています。聴覚障害者も20名程度働いていて，また組合の執行部には必ず1人の聴覚障害者が役員として加わることが慣例になっています。最初は私が近隣の地域に住んでいるということ，まだそれほど仕事が忙しくなる前だったので専属のように毎回その集会の手話通訳を担当させていただいていました。集会では時々小声で発言する人，早口で発言する人など，話が聞き取りにくい人がいます。そのような時は，「手話通訳の者です。申し訳ありませんがもう少し大きな声でお願いできませんか？」とお願いすることがあり，申し訳なく思うことがあります。しかし，私が聞き取れなければ，結果としては聴覚障害者の皆さんが内容を理解できずに仕事などに支障が生じたり，質問や意見を言うことができなくなってしまいます。ですから必ず聞こえない時には聞き返すように心がけています。

　また20年以上も1つの会社にかかわっていると現在の管理職の皆さんのなかには，その方を入社当時から知っているという方も多くいます。とくに社長さんとは長いお付き合いになり，たまに玄関などでバッタリお会いするとつい話し込んでしまうような間柄です。ただ，私はあくまでも組合から依頼されている手話通訳者なのであまり経営サイドの皆さんと親しそうに話をす

るのはよくないと思い，気を遣うことがあります。

　集会が終わると執行部だけで会議が行われます。その場で継続して手話通訳を行います。それが終わると通訳の謝礼金を受け取り仕事は終了となります。しかし，会議が終わった後も執行部の皆さんはそこで雑談をしていることがよくあります。組合の人は，「もう結構ですよ」と言うのですが，私は聴覚障害者の方がいるかぎりは同席するように心がけています。意外とその席で大切な話が出たり，新たに何かが決まるということもあるからです。

　その後私が忙しくなり，手話通訳の依頼が来てもお断りすることが多くなってきました。組合は仕方がなく他の手話通訳者に依頼するようになりました。ところがその状態が数年続いたある時，「また組合の集会の通訳をお願いできないか？」と連絡がありました。理由を聞いてみると，耳の聞こえない人たちが集会で意見をまったく言わなくなったということでした。もちろん他の手話通訳者も資格をもっている優秀な方たちばかりです。しかし，会社の方に話を聞いてみると「自分がうまく意見を言えなくてもSさんならうまく日本語に翻訳してくれるから」と言われました。私が長くこの会社で通訳をしてきたことから私に対して安心感や信頼感をもっていただいていたのかも知れません。また，それだけ聴覚障害者の皆さんのなかには日本語力や文章力に自信がない方も多くいらっしゃるということだと思います。「集会の日程もあなたのご都合に合わせて開催しますのでぜひ」，とまで言っていただいたのでその後またその会社の労働組合の仕事をさせていただいています。

　Sさんの体験談で「話が聞き取れない時には必ず聞き返して通訳する」という話があった。会議などで発言が聞き取れない場合，手話通訳者は原則として「早口や小声で聞き取れない」という内容だけを伝えれば良いことになっている。しかし，それを受けて聴覚障害者自身が「手話通訳者が通訳できないのでもう少し大きな声でゆっくり話してください」と発言するのは現実的にはなかなかできない。結果的に話が理解できないまま終わってしまうことになる。Sさんが聞き取れないところをきちんと確認して通訳したことにより，出席した聴覚障害をもつ社員にも他の全員にも平等の情報保障が行われた。また，正

式な会議が終わった後でもその場に残り雑談が続くかぎり通訳をしたことも大切である。学校のPTAなどでもよくあるが，実は正式な会議が終わった後の会話のなかに思わず参加者の本音が出たり，その場での雑談に大切な情報が含まれていたりする。手話通訳の実践を通して，Sさんは会社やそこで働く聴覚障害者から厚い信頼を得られるようになったのである。

c　育児・教育場面

　育児教育場面の手話通訳依頼は妊娠中の検診，母親学級，出産時の入院，乳幼児定期検診，幼稚園・保育園，入学式，保護者会，授業参観，三者面談，学校内でのトラブル，学校行事，卒業式などがあげられる。

　保護者会では手話通訳者は聴覚障害者の保護者と対面して通訳を行うのが一般的である。しかし，なかには自分が聴覚障害者であることを周りに知られたくないので，講堂の一番後ろの席で他の保護者と同じような向きに座り隣で目立たないように通訳して欲しいと言われることもある。

　近年では聴覚障害をもつ本人や周りの意識も変わってきており，積極的にPTAの役員などを務める人も増えてきている。学校内で手話クラブを作り，手話を広めているという話も耳にする。

　実際に手話通訳依頼が多いのはやはり保護者会で，とくに全体会ではなく学級会になるとしばしば話が盛り上がり，複数の人が同時に話したり，小声で聞き取れず通訳ができなくなることがある。できれば事前に担任の先生や進行役の人と打ち合わせをして，

　（1）発言は挙手をして順番に
　（2）発言の前に名前を言う
　（3）大きな声でハッキリと

などと参加者にお願いすることも必要である。とくに名前を言ってもらうことで聴覚障害者の保護者は，それが誰の発言なのかがわかり助かる。お願いしても時間が経つと忘れて守られなくなるので，進行役の人から再度注意してもらうようにすることも必要である。保護者会の通訳は同じ地域の手話サークルメンバーや，同じ学校に子どもを通わせている主婦が担当することが多い。まったく別の場であった時に，つい「そういえばこの間の話だけど」とか「結局中学はどうするの？」などと雑談になることもある。しかし，あくまでも手

図4-5　ストーカー　　　　図4-6　尋問

話通訳には守秘義務があるので通訳上知りえた秘密をうっかり漏らさないように気を付けなければならない。

d　司法場面

　司法場面での手話通訳には，法律相談，破産や離婚，交通事故などの民事裁判，犯罪の被害者や加害者としての刑事裁判などがある。

　かつては公判に必要な手話が整備されていなかったという問題もあったが，近年では専門的な法律・裁判用語が整備されてきた。全国手話通訳問題研究会宮城県支部から出された「手話と法律・裁判ハンドブック」には「黙秘権」「ストーカー（図4-5）」「尋問（図4-6）」など177個の手話単語が紹介されている。

　医療，生活場面では1人の手話通訳者が継続して通訳を担当することが望ましいとされている。しかし，司法場面では警察，検察，公判と必ず手話通訳をわけることが前提になる。「予断の排除」ということである。3つの段階で手話通訳者が先入観をもたずに通訳をすることが大切である。手話通訳士の多い県では3つの段階で，通訳者が少ない県であっても，取り調べ段階（警察・検察）と公判では手話通訳者をわけなくてはならない。

　一般的に聴覚障害者が話に詰まったような場合，通訳者は相手が答えやすいように具体例をあげて質問する。たとえば，会社面接で「あなたはウインタースポーツをやりますか？」と聞かれ，相手が困っているような場合は手話通訳者が「たとえばスキーとかスケートなどはやりますか？」などと例示をして返答を引き出す。しかし，警察の取り調べで，それを行うと誘導尋問になる恐れ

があり注意しなければならない。質問が通じなかった時には、かみ砕いて通じさせようと努力するのではなく、「返答がありません」「質問が通じていないようです」と伝えることが大切である。

新しくはじまった裁判員制度では手話通訳者をどう確保するのかが大きな問題である。聴覚障害者が裁判員候補に選任された時の面接段階、聴覚障害者が裁判員に選任された時の法廷と評議の段階で手話通訳者を確保できないのではないかという心配である。もし十分な通訳保障ができないということであれば聴覚障害を理由に裁判員から除外される事例が増え、制度そのものが障害者差別的な運用になる恐れがある。今後のこの制度における手話通訳の問題を検証していく必要がある。

e 講演会

講演会・セミナーなどに手話通訳が付くのも最近では珍しくなくなってきた。講演会では主催者との打ち合わせ、また一緒に仕事する手話通訳者、筆記通訳者（OHP・パソコン）との打ち合わせが大切である。

「聞き取り通訳」ではまず手話通訳者の立位置を決定する。もし筆記通訳用のスクリーンがある時には基本的にはその近くに立つのが良い。文字と手話を同時に見ることができるからである。しかし、会場の大きさやライトの位置、司会席やマイクの場所などによっては必ずしもスクリーンと同じ側に立てない場合もある。また手話が見やすいようにスポットライトを通訳者にあてる、話を聞き取りやすくするためのモニタースピーカーを準備する。手話が見やすい服装やアクセサリーにも配慮が必要である。2名以上で通訳を行う場合は、プログラムなどを参考に交代のタイミングも事前に打ち合わせておく。通訳者は15～20分間で交代するが、場合によっては話し手の交代に合わせて交代することもある。交代する場合には担当している通訳者のすぐ後ろに立ち、まず軽く背中をたたく。前に立つ通訳者はすぐに手話を止め交代するのではなく文章の終わりまで訳し、さっと横に移動して後ろの通訳者にバトンタッチする。通訳者同士の呼吸を合わせることが必要である。

読み取り通訳では客席に手話通訳者用の席を準備してもらい、客席から手話を読み取り音声に通訳する。マイクもその席に準備してもらう。通訳者席が会場の最前列に準備されることもある。指文字などは距離が近いので見やすいが、

下から見上げるような角度になり手話が見にくくなる欠点もある。会場の広さにもよるが前から5～10列目あたりの正面の席の方が手話を見るには適している。これらは会場の下見の際，実際にいろいろな席に座ってみることが大切である。

講演会によっては聴覚障害者が手話が見やすいようにと聴覚障害者席を用意するところもある。それは必要な配慮であるが，そこに座れば当然周りからは「あの人は聴覚障害者だ」と気付かれてしまう。そのためにあえて専用席に座らない聴覚障害者もいる。手話通訳をする時には専用席だけを意識するのではなく会場全体のどの席からも手話が見やすいように配慮したい。

ある聴覚障害をもつ千葉県のKさん（女性）に手話通訳についてたずねた。

問）1年間に何回ぐらい手話通訳を利用しますか？
K）5～6回ぐらいです。
問）いつ頃から通訳を依頼するようになりましたか？
K）独身時代には1～2回しか利用したことはありませんでした。結婚して子どもを育てていくなかで，通院や学校の保護者会などで手話通訳を依頼します。
問）手話通訳についてどんなことに不満を感じますか？
K）これは手話通訳者に対する不満ではないのですが，保護者などが終わった後，私としては他のお母さんと話がしたいと思うのに，皆さんは手話通訳がいるからと遠慮されてしまうことが時々あります。手話通訳者がいても私は直接私にわかる方法で話しかけて欲しいと思うのですが。

　それから私にとってまだ完璧な手話通訳者に出会ったことはありません。講演会などでは話の内容を理解して，きちんと手話で伝えてくれることを望みます。もし講演者が間違ったことや変なことを言ったとしても，それをそのまま伝えて欲しいのです。そのような場合，通訳者を見ていると表情が一瞬曇り「こんな変なことは伝えられない」とか「この人の言っていることはつじつまが合わない」などと通訳をしなかったり，少し内容をソフトにいい換えて表現したりしているように感じることがあります。でも私としては講演者が変なことを言ったとしても，それをそのまま伝えて欲

しいという気持ちがあります。
問）反対にうれしかった，助かったと思うことは？
K）病院に行った時です。診察が終わった後その内容をメモに書いて渡してくれました。それは手話通訳者の本来の仕事ではないのかもしれませんが，後で落ち着いてそのメモを読み返すことができとても助かったことがあります。

　Kさんの話には，学校や病院などあらゆる場面での聴覚障害者側からみた手話通訳者の問題が表れている。とくに講演会では手話通訳者に対してきちんと事実を伝えて欲しい，講演者がたとえ変なことを言ったとしても，そのまま聞きたいという切実な気持ちを訴えている。私たち手話通訳者はそのことばの重さを誠実に受け止めなければならない。

f 盲ろう者への通訳

　視覚と聴覚の両方に障害をもつ盲ろう者は全国に1万3000人いるといわれる（2001年厚生労働省）。それ以外にもいろいろな数字が発表されているがあくまでも推定数で，その実態はまだ把握されていないのが現状である。
盲ろう者は次の4つの種類に大別されている。

　　全盲ろう　まったく見えず，まったく聞こえない人
　　全盲難聴　まったく見えず，少し聞こえる人
　　弱視ろう　少し見えて，まったく聞こえない人
　　弱視難聴　少し見えて，少し聞こえる人，

　もともと聴覚障害があり，その後見えなくなった人を「ろうベース」と呼び，逆にもともと視覚障害があり，その後聞こえなくなった人を「盲ベース」と呼ぶ。
　盲ろう者のコミュニケーション手段にはさまざまな方法があるが，多くの盲ろう者に使われている「接近手話」「触（読）手話」と「指点字」を紹介する。
　「接近手話」はろうベースの弱視ろうや弱視難聴の人たちの顔の前で手話を表現する方法である。なかには目で見ながら手でもその手話に触れて理解をしている人もいる。一般的に「接近手話」といわれるがなかには視野が狭いために2～3メートル離れた位置からでないと手話が読み取れない人もいる。その

図4-7　横並び式指点字　　　　　図4-8　対面式指点字

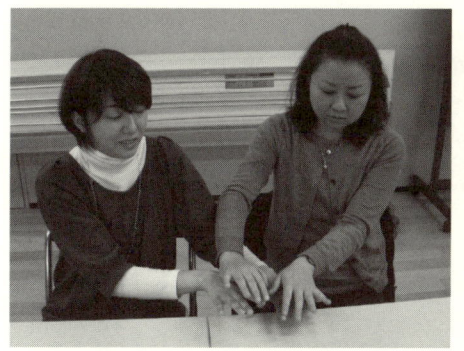

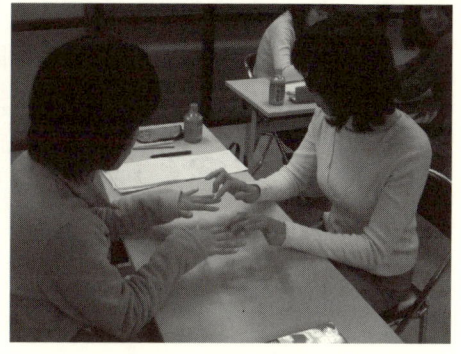

ために必ずしも接近した位置で手話を行うと限られるわけではない。
　「触（読）手話」は通訳者が表す手話をろうベースの「全盲ろう」や「全盲難聴」の人たちが手で触れて理解をする方法である。この場合の注意点としては，お互いが長時間の会話でも疲れないようにリラックスできる姿勢をとること，お互いに力を入れて相手の指や手を握らないこと，「わかる」「できる」など体に接する手話は少し体から離して（浮かして）相手の体に触れないように表現することなどがあげられる。
　盲ベースの人たちは「指点字」がよく使われる。点字は6つの点の位置の組み合わせによって文字が決まる。これを両手の人さし指，中指，薬指に打つことにより伝えるものである。
　横並び式（図4-7）は盲ろう者の隣りに座り，軽く自分の両手を相手の両手に載せるようにして行う方法で，会議や講演会でもよく使われている。歩きながら会話をする場合にも便利である。パーキンスブレーラー型は左手の人さし指が1，中指が2，薬指が3，右手の人さし指が4，中指が5，薬指が6の点になる。ライトブレーラー型はその反対で右手の薬指が1，中指が2，人さし指が3，左手の薬指が4，中指が5，人さし指が6の点になる。
　対面式（図4-8）は初対面の人とあいさつをする時や，レストランなどで向かい合わせに座る時などに便利な方法である。対面式の場合パーキンスブレーラー型もライトブレーラー型も通訳者の配列は同じであるが，盲ろう者側は，パーキンスブレーラー型では右手の人さし指が1，中指が2，薬指が3，

左手の人さし指が4，中指が5，薬指が6の点となる。ライトブレーラー型では盲ろう者の左手の人さし指が1，中指が2，薬指が3，右手の人さし指が4，中指が5，薬指が6の点となる。いずれにしても話をはじめる前にどの配列と向きで行くのかを盲ろう者と十分に相談のうえで行うことが必要である。

　盲ろう者への通訳の際，状況説明が大切である。たとえばこの部屋には何人ぐらいの人がいるか，騒がしいか静かか，今話をしている人は男性か女性か，体格や雰囲気などである。たとえば「あなたにはもう頼みませんよ」（と笑いながら皮肉っぽく言っている）とか，「質問がないならもう終わります」（とかなり声を荒げて怒っている）など，ことばだけではわからないニュアンスを伝えることにより，盲ろう者が相手の言いたいことを的確に理解できるよう補足することが盲ろう者の通訳場面では通訳者には要求される。

2.4　手話通訳者のあり方

　将来，手話通訳者を目指している学生から「私は小指だけを曲げる数字の8ができません。これでは手話通訳者にはなれませんか？」というような質問を受けることがある。もちろん手話の技術は通訳者としては大切な要素である。しかし，小指を曲げる8ができなくても人さし指（または中指）を曲げても8は表現できるし，片手の5のてのひらに3を合わせても8は表現できる。手話通訳者に必要なものはそういった小手先の技術だけではない。相手の気持ちをしっかりと受け止め，手話表現の裏にある相手が本当に言いたいことを読み取ること，抱えている問題を冷静に分析し解決に向けて適切な援助をしていく能力を身につけることが必要である。

　外国語の通訳であれば多くの場合，言語を正確に翻訳する能力と二国間の文化的背景の違いについての知識が求められる。手話通訳の対象は聴覚障害者である。十分な教育を受ける機会がなかったり，生活のいろいろな場面で制限を受ける立場の人々である。単なる言語の置き換えのみを追求するという気持ちでは手話通訳者として仕事をしていくことはできない。聴覚障害者の自立や成長，社会参加を促進していくことを情報保障という側面から援助をしていく仕事に従事している，そんな責任と自負をもって手話通訳者自身も成長していきたいものである。

引用文献

全国手話通訳問題研究会健康対策部 「2005年度手話通訳者の労働と健康についての実態調査報告」2007年2月17日報告 http://www.zentsuken.net/siryo-m.html

日本手話通訳士・手話通訳士実態調査委員会「手話通訳者・奉仕員の養成・派遣制度に関する調査研究および手話通訳士実態調査報告」1994

第5章　手話と聴覚障害者支援

1　手話工学

1.1　コミュニケーションとは

　人と人とのコミュニケーションを考えた時，送り手は"伝達すべき情報＝メッセージ"をさまざまな感覚刺激に変換し，伝達する。受け手は，視覚をはじめとし聴覚，嗅覚，体性感覚（触覚，圧覚，温覚など）などの感覚器官により刺激を受容し，"伝達された情報＝メッセージ"を統合し認知する。自然な音声による対話を考えてみると，「あれをとって」の「あれ」は，音韻や抑揚などの音声のみを聞いたのでは理解できないかもしれない。しかしこの発話は，指さしや視線などのノンバーバルな要素が付加されることにより，曖昧性の回避を可能としている。このように，人と人とのコミュニケーションは，音声とさまざまなノンバーバル（非言語的な）要素との多様なモダリティとの統合により成立しているといえる。ここでいうモダリティとは，視覚や聴覚などの感覚の経路を意味する。コミュニケーションが成立するためには，送り手の伝えたいメッセージを受け手が認知しなければならない。それでは，コミュニケーションを工学的に定義してみると「人（あるいはシステム）から別な人（あるいはシステム）への"言語記号＋非言語記号（ノンバーバル要素）"により情報（メッセージ）を移動・転写する過程となる。人と人とのコミュニケーションの概念を図5-1に示す。

　さて，聴覚障害者は，音声と聴覚によらない別の1つの方法として手話を用いてコミュニケーションをはかっている。手話は，3次元空間上で複数の調動器官による運動と提示が同時に表現されたり，連続的に表現されたりして語が形成される空間的言語である。受け手にとって手話は，視覚系で受容される視

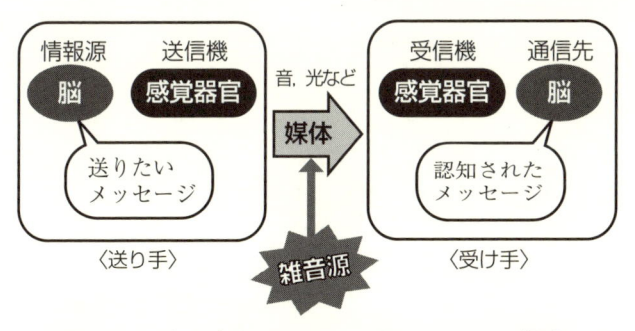

図5-1 人と人とのコミュニケーションの概念

覚言語である。このため手話は，線条性をもつ音声言語とは異なった言語的特性（独立した文法体系）をもつ。手話の調動は，手指信号および非手指信号（NMS）により構成される。手指信号は，時間軸上に同時あるいは連続的に提示される。非手指信号は，表情・口型・うなずき・視線などの動作で構成され，統語論的，意味論的な作用があるといわれている。この言語的な複雑さのため，手話の理解メカニズム，手話による支援システムなどの研究は，音声言語と比較して，遅れているといえる。

1.2 手話工学

　手話工学とは，手話を学際的に研究・支援技術の獲得を目指した研究分野である。手話工学では，言語学，手話学はもとより，認知科学，画像工学，音声工学，福祉情報工学，コミュニケーション科学，教育学，ヒューマンインタフェースなど学際的な境界領域で幅広い連携を必要とする。

　障害のある人，高齢の人をはじめさまざまな人にとって，ICT（Information and Communication Technology：情報通信技術）の進展は新たな支援技術を提供できる1つの重要な機会となっている。ICTは高度に情報化された社会を生み，新たなコミュニケーション手段の提供や，情報授受の機会を飛躍的に向上させつつある。これは，聴覚障害者にとっても例外ではない。たとえば，カメラ機能付き携帯電話による文字や手話映像の送・受信は，聴覚に障害のある人にとって有効なコミュニケーションや情報授受手段となっている。この携帯電話により外出先での予定変更など緊急事態に柔軟な対応ができるようになり，飛

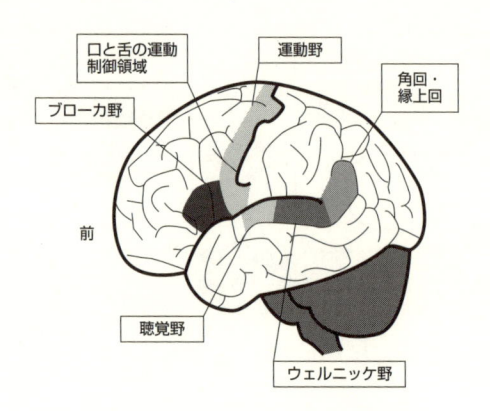

図5-2 大脳皮質の言語野

躍的にその生活の質を向上させているといって過言ではないであろう。

この節では,学際領域であることとICTの進展を受けて,脳機能イメージングに関連して言語理解,視覚認知とその応用として手話画像の符号化,翻訳システムの立場から手話の入力・認識・生成・記述法について最近の話題を中心に述べる。

a 手話の言語認知

話すこと,書くこと,聞くこと,読むことのいずれかあるいはすべてが困難な失語症の研究から,どこの脳領域が言語機能や運用をつかさどるか徐々に解明されつつある。図5-2に示すように,運動野のそばに位置するブローカ野(Broca's area)と聴覚野のそばに位置するウェルニッケ野(Wernicke's area)が,代表的な言語に関係した領域として知られている(Bear, B.W. et al., 2007)。ブローカ失語(Broca's aphasia)の典型的な症例は,聞いたり読んだりして理解することはある程度できるが,発話が困難となっている。ウェルニッケ失語(Wernicke's aphasia)の典型的な症例は,意味をとれるかは別として発話は流暢であり,言語の理解が困難となる。近年の言語と脳機能の関係の研究は,主に音声言語使用を対象としてきた。音声は,聴覚モダリティを用いている。

手話を母語とするろう者の言語理解の機能は,音声言語使用者との差異はあるのだろうか。手話理解に関する機能局在の研究は,機能的核磁気共鳴画像 fMRI(functional magnetic resonance imaging)などの痛みや外科的療法を伴わ

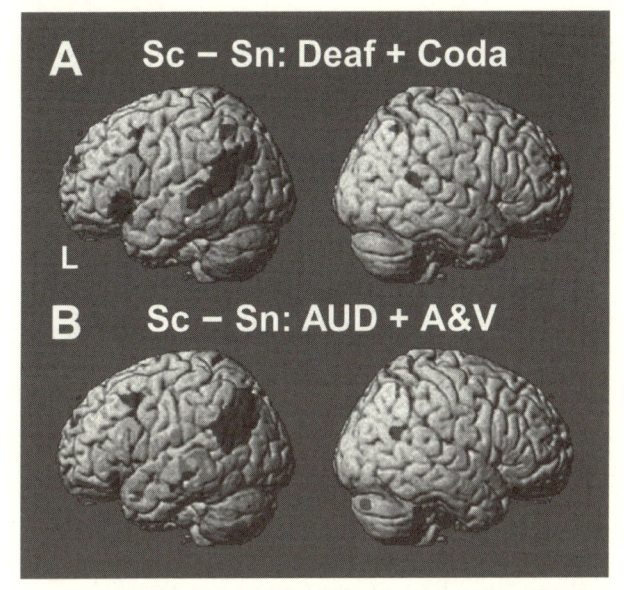

A：ろう者とCODAの手話理解時　B：健聴者の音声理解時
※■で示されているのが賦活している部位

図5-3　fMRIによる手話と音声の文理解の活動部位
（Sakai, K.L. et al., 2005, 1407-1417）

ない非侵襲的な脳機能イメージング手法を用いて行われ，音声言語と比較検討がなされている（Hickoka, G. et al. 1998：Petitto, L.A., et al. 2000）。日本手話と音声言語を対象とした研究では，酒井らの興味深い研究がある（Sakai, K.L. et al., 2005）。この研究では，日本手話の母語話者（ろう者），日本手話と音声日本語の両方を母語とするCODA（Children of Deaf Adults）および手話を理解しない日本語を母語とする聴者を計測の対象者としている。実験では，手話対話映像，音声，音声付手話対話映像を見せ，対話文中の語としておかしな動作の探索という課題をしている時の脳の活動状態をfMRIで計測を行っている。その結果，日本手話と日本語音声では，視覚や聴覚といった感覚経路によらず脳の同じ部位の活性化および左優位性を明らかにしている。図5-3に，手話と音声の文理解の活動部位を示す。

　脳機能イメージング手法は，空間分解能には優れているが，時間分解能には限界がある。そこで，言語理解過程を時間分解能をあげて計測する方法に，脳

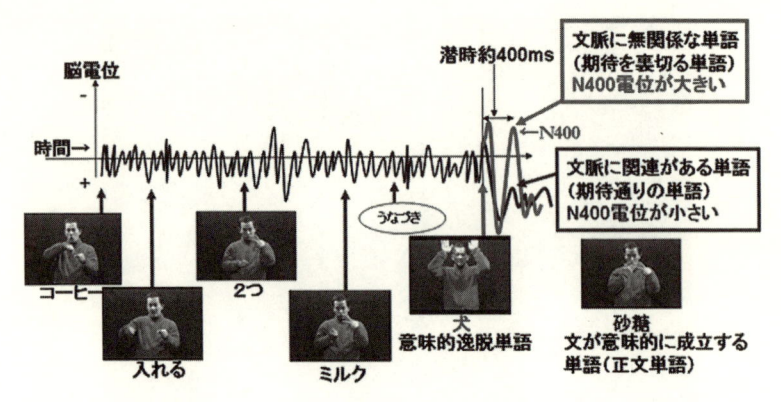

図5-4　手話例文映像の提示とN400の出現の様子（田中・宮本・長嶋，2008）

波のなかの事象関連電位 ERP（event-related brain potential）の1つであるN400を用いる方法がある（柳澤・柴崎, 1997, p.272）。ERPとは，感覚刺激に伴う認知，期待，判断などに関連した潜時の長い電位である。N400とは，先行する文脈情報から予期できない意味的に逸脱した語彙がトリガとなり，刺激発生後から約400ms（ms＝1000分の1秒）にピークが出現する陰性の波形である。N400は，次々に入力される文脈からすると意味の合わない情報を再処理する神経生理的な過程とみることができる。N400に関する実験では，刺激としてすでに文字，音声，絵が用いられている。音声言語と比較するため手話動画を用いてN400を観測する研究も行われている（田中他，2008）。この研究では，刺激映像に日本手話を用い，被験者は手話母語話者である。逸脱語彙の種類には，文法的には正しいが意味的に逸脱した語彙，および，日本手話の音韻規則上ありえない無意味な動作を用いている。図5-4に，手話動画を用いたN400の観測結果を示す。この結果より，手話は音声言語と同様な言語理解過程であることがわかる。

　ここでは，最近の手話と音声言語との認知的機構の研究として，脳機能イメージングと脳波による生理計測の結果を示した。モダリティの違いによる脳内の詳細な情報処理過程の解明に至っていない。しかし，計測技術や精度の向

上に伴い，詳細な言語機能の解明は着実に進展している．

b 視覚認知とその手話画像通信への応用

手話は，手指信号と非手指信号により構成されている．手話の受け手は，視覚系で認知するが，以下の疑問が生じてくる．

疑問1：どこを見て手話を読み取っているのだろうか
疑問2：ろう者と聴者との視線の使い方に差異はあるのだろうか

これらの疑問は，アイカメラと呼ばれる視線計測装置（NAC製 EMR-8）による計測結果より，以下の読み取り視線の特徴が分かっている（米原他，2002a）．

特徴1：ろう者は平均80-90％以上の高い割合で口や眼など顔中心を注視している
特徴2：手話の初・中級者は大きな動きの場合，手を追う傾向がある
特徴3：手話の習熟度が高くなれば，顔領域への視線の集中度が高くなる
特徴4：顔から離れて動いている手の形や動きなどの情報は，周辺視で捕えている

人の視野は，網膜の中心部分で詳細な形や色を判別する中心視と網膜の周辺部分で位置や動きを判別する周辺視より構成されている．これらの結果は，この視野特性を考えると妥当といえる．手話の視覚認知では，主に中心視で非手指信号を，主に周辺視で手指信号をそれぞれ読み取り，情報処理されていることになる．図5-5には，手話母語話者の注視点の計測結果を示す（米原，2002b）．

通信の容量や速度に制限がある場合，手話を読み取るために必要な画質やフレーム数を確保できない状況も起こりうる．そこで，この手話読み取り時の視線の特徴を利用した，携帯端末で手話を通信する時の効率的な符号化方法"AdapSync"が提案されている（中園他，2005）．この方法では，顔の位置を想定して画面中央部に重点を置き，符号量を費やして詳細に符号し，周辺部分は詳細さを下げる方式をとっている．既存の方法との比較実験結果から，AdapSync方式は，同じ通信条件でもより高いフレーム数で符号化が可能で，手話動画像の効率的な通信にとって有効であることが示されている．

さて，実際のカメラ機能付き携帯端末による画像通信では，伝送のさまざま

メッシュ上段の数字：停留回数，下段の数字：停留時間（ms）

図5-5　アイカメラによる手話母語者の視線の停留回数および停留時間
（米原・長嶋，2002，pp.233-236）

な過程（符号化処理・伝送・復号化処理など）において，遅延が生じる。音声対話の遅延の及ぼす影響については，詳細な研究がなされている（伊藤・北脇，1987）。伊藤らによる，音声対話で交互に数字をカウントしあう数字課題では，検知限が45msであった。最近の手話の検知限に関する研究から，同じ数字課題では，検知限が150msであると報告されている（中園他，2007）。これにより，視覚系による情報伝達は，音声よりも遅延に対して寛容であることがわかる。

c　手話の翻訳システム

手話工学の究極の研究目標の1つは，図5-6に示すような，手話を音声や文字に，音声を手話アニメーションに変換する手話と日本語との相互翻訳システムといえる。翻訳システムを構成するためには，一般に「手話の入力」，「手話の認識・翻訳」「手話の生成・表示」の3つのステップを要する。

（1）手話の入力

手話を認識するためには，手型，運動軌跡など手話の構成要素の抽出を考慮して，コンピュータで処理可能なデータ形式で入力（トラッキング）しなけれ

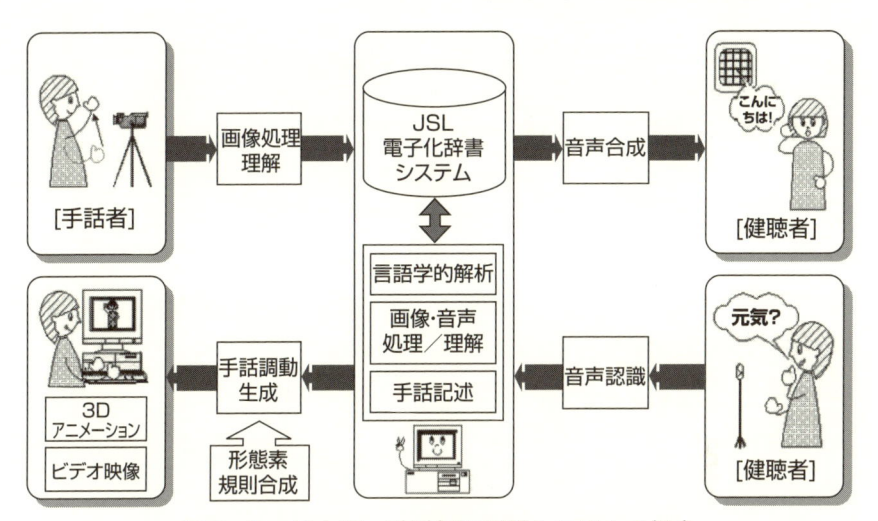

図5-6　日本語—手話相互翻訳システムの概念
（長嶋祐二・神田和幸「手話のコンピュータ処理」『電子情報通信学会誌』Vol.84, No.5, 2001, pp.320-324, 2001年5月1日　許諾番号09KA0013）

ばならない。

　手話データをコンピュータに入力する方法には，装着（接触・拘束）型装置を用いる方法と，非装着（非接触・非拘束）的手法とに大別できる。手話データの利用目的に適した方式を選ぶことが必要である。また，データの精度や質が，「保証している」，あるいは今後の技術の進展を見込んで「保証できるめどがある」ことも重要である。

①装着型装置による方法

　Cyber Glove™に代表される装置は，手形状を計測するセンサが付加された手袋を装着することにより，指の屈曲を計測する。Polhemus社の位置センサに代表される磁気式は，センサの傾きおよび3次元位置を計測する。磁気式では，手首に装着することで手指動作の手の位置，掌方向，運動軌跡を測定できる。また，頭に装着することで，顔の向きや頭部の傾きを測定することができる。装着型装置による計測方法は，データの処理のしやすさからコンピュータ向きのインタフェースといえる．この方式では，手袋を装着することやセンサからのケーブルのため，手話の自由な動きを束縛する可能性がある。最近で

は，ワイヤレス方式の計測装置も登場している。
　②非装着型計測による方法
　非装着型計測による方法では，カメラを用いて手話者の調動を撮影し，その画像をもとに調動を認識する。手話の動きは，3次元空間上の運動として観測されるが，カメラから入力されるものは，色を含む2次元平面の濃淡の情報のみである。そのためカメラモデルによる方法では，コンピュータビジョンの手法を駆使し，距離計測や被写体の知識をもとに動きを認識・理解しなければならない（たとえば谷内田，1990）。非装着的手法は，手話者に何ら制約を与えない人間向きのインタフェースといえる．その反面，現状ではコンピュータ側の処理が複雑となり，十分な精度を期待できない．
(2) 認識
　手話を認識するには，単語部分と単語から次の単語への遷移動作（わたり）とを分離するか，セグメンテーションと呼ばれる意味の塊ごとに文脈を分割する操作を行う必要がある。セグメンテーションされた動作に対しては，図形や音声認識に用いられるパターンマッチング，DP (Dynamic Programming：動的計画法)，HMM (Hidden Markov Model：隠れマルコフモデル）などの手法を用いて認識を行う (Rabiner, L. and Juang, B., 1995)。しかし，顔の表情などに代表される非手指信号の入力および認識に関しては，いまだ十分な成果を上げていない。
(3) 生成
　翻訳システムでは，認識した結果をもとに，対話者とコミュニケーションを図らなければならない。コミュニケーションのためには，手話の動きを何らかの方法で生成し，表示しなければならない。手話の生成は，規則合成とモーションキャプチャによる方法に大別できる。そして表示では，人物モデルのアニメーションを用いる。アニメーション表示では，「言語としての正確な情報伝達能力」を求められる。
　規則合成では，単語の開始・変化・終了位置の各指関節角と手の三次元的位置のみを記号化して登録しておく。この方法では，逆運動学（中野，1983）などにより位置，肩位置を計算しながらキーフレーム法により中割り画像を生成し，フレーム間を補間することで動きを生成する。規則合成では，基本動作の

登録ですべての動きをコンピュータで生成するため，データ容量が少なく，語形変化など柔軟に対応できる。

一方，モーションキャプチャでは，単語ごとの手指，肘，肩など動作するすべての関節角と3次元空間上の位置と動きを3次元計測により取得するため，自然な人の動きに近い手話動作を期待できる。運動データや手形データの取得には，先に述べた装着装置による方法や，複数台のカメラを用いる方法がある。

最近のアニメーション表現方法は，ボーンモーフアニメーションによる表現方法を用い，表情・口形をモーフターゲットで表現，基本動作をモーションキャプチャにより取得していることである。ボーンモーフアニメーションとは，上半身（あるいは全身）および手指関節を人体構造に近似した関節構造で構成し，その上のスキン（皮膚や服など）を被せ，各関節の動きに連動してスキンを変形させる手法である。図5-7には，株式会社アトムと共同で開発を行なっていた非手指信号まで表現可能な手話生成アニメーションエディタの例を示す（出渕他，2006）。このアニメーションでは，装着装置による方法で動きデータの取得を行っている。また，NHK放送技術研究所では，テレビ番組を記述する目的で開発しているTVML（TV program Making Language）も用いて，手話アニメーションの生成方法も検討を行っている。図5-8には，柳沢・長嶋(2007) によるVICON社製の光学式モーションキャプチャシステムを用いた撮影風景，そしてそのデータを用いてTVMLにより生成された手話アニメーションの描画例を示す。

(4) 翻訳システムの構築とその応用

現状において，どのような場面でも使用できる翻訳システムの実現性は，
・手話の言語学的な構造の解明が十分進んでいない
・手話の認識や生成に必要な要素技術の蓄積が少ない

などの理由から低い。しかし，場面や状況を限定することにより，使用される単語は，ほぼ予測できる。使用語彙数を限定することにより，システム全体の複雑さは軽減される。場面ごとに翻訳語彙辞書を置き換えるなどの方策を採用することで，システムの拡張性も確保できることになる。

d 手話の記述法

手話は，日本語や英語と同じ自然言語であるのに，なぜICTを用いた支援

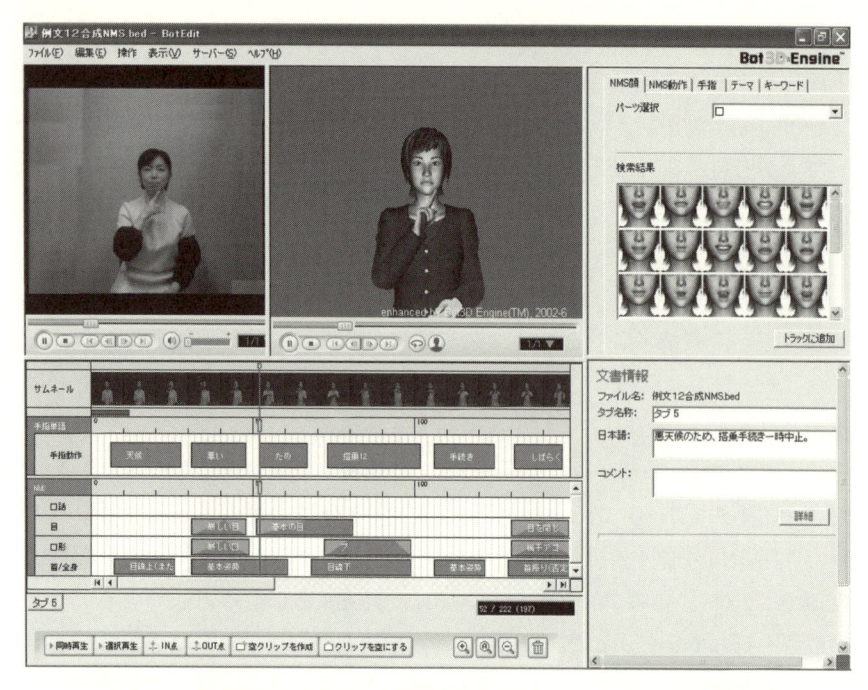

図5-7　開発中のBot3D手話アニメーションエディタ画面の例
　　　　（株式会社アトム提供）

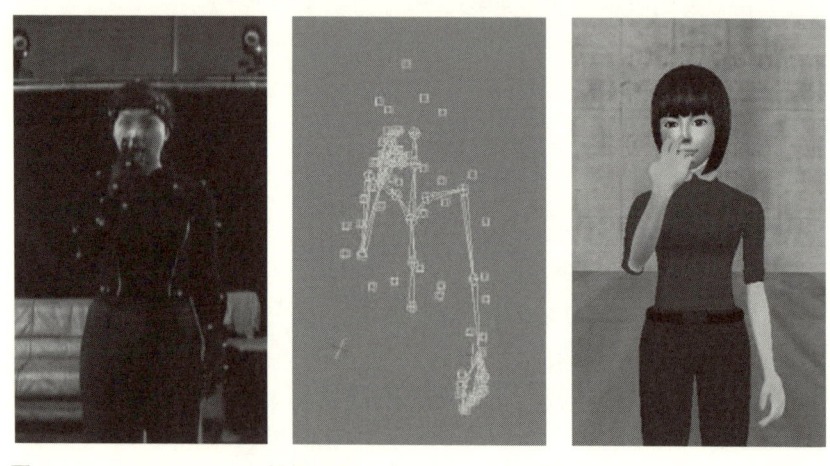

図5-8　VICONによる撮影風景とTVMLによる手話アニメーションの描画
　　　　（NHK放送技術研究所提供）

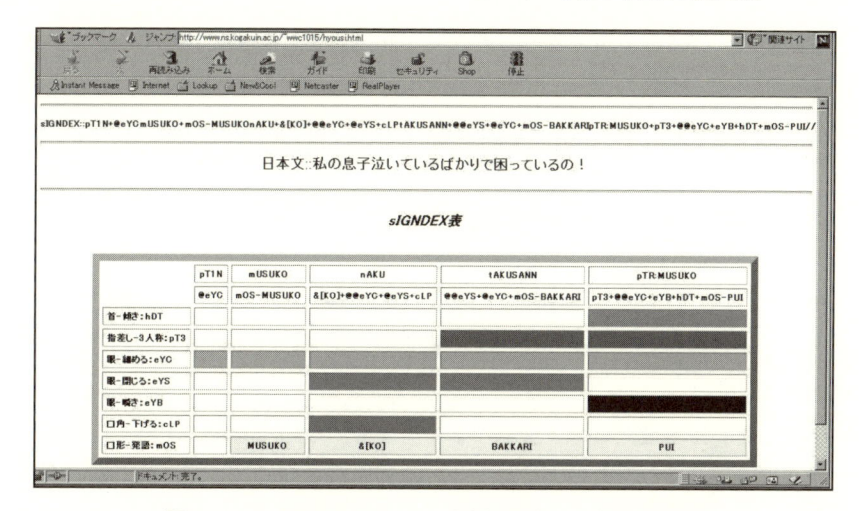

図5-9　sIGNDEXによる例文記述と2次元表記例

研究が遅れているのか。日本語などの音声言語は，仮名，漢字，アルファベットなどの文字を用いて記録することができる。しかし，手話には，共通に使用できる体系化された記述する方法が確立されていないこと，研究者が共通に使用できる言語資料が少ないことなどがあげられる。工学的な応用研究のためにも，手話の認識や生成を考慮した記述法が望まれる。ドイツ手話では，IPA (International Phonetic Alphabet：国際音声記号) を意識した手話表記法であるハンブルグ大学のHamNoSys (Hamburg Notation System for Sign Languages) がある (2008)。しかし共通に使えるような記述法には，いたっていないのが現状である。

　工学的な応用も考慮した記述の試みとして，1996年に電子情報通信学会第3種手話工学研究会にワーキンググループを設置し，特定の手話形に一定の日本語ラベルをつける方法を検討した。その成果はsIGNDEXワーキンググループに継承され，sIGNDEXバージョン1（語彙レベル），sIGNDEXバージョン2（文レベルで非手指信号を含む）として公開されている（神田・長嶋・市川，1996）。sIGNDEXとは，このグループの作ったsignとindexの合成語である。図5-9に，sIGNDEXによる文表記，その日本文および視覚的にわかりやすくHTMLで2次元的に表示した文記述例を示す。

最近では，手話の認識や生成を考慮した記述法を目指して，sIGNDEX バージョン3として手話の音素，弁別的特徴や形態素を確定する活動もはじまっている（原他，2007）。

2　支援機器

現在，市場にはさまざまな聴覚障害者用の支援機器がある。この節では，市販されている機器とともに，現在研究開発中のシステムについてもいくつか紹介する。

一口に聴覚障害者向けの支援機器といってもいろいろな機器がある。聴覚障害者向けに開発された機器だけでなく，他の障害者向けにつくられたものが，聴覚障害者にも利用できたり，あるいは，一般向けにつくられた機器が聴覚障害者にとっても便利であったりするものもある。聴覚障害向けの支援機器について分類した図を図5-10に示す。この分類は筆者の考えで分けたものであり，必ずしもこの分類がもっとも適切というわけではない。また，支援方法や機器によってはいくつかの分野にまたがることもあり，単純に図示するのは難しい。

まず，大きく4つに分類した。情報保障支援，コミュニケーション支援，言語獲得支援，汎用技術である。さらにこれらを細分化した。以下にそれぞれの支援機器について述べる。

2.1　情報保障支援

情報保障は，人間の「知る権利」を保障するものである。聴覚障害者の場合は，「音」からの情報を得るのが困難なために，それを保障する必要がある。保障の方法にはいくつかある。たとえば手話による保障や文字や絵による保障がある。ここでは，文字や絵によって保障する支援機器について述べる。

a　文字放送による字幕

まずは字幕による情報保障について述べる。以前は，洋画の字幕程度しかなかった。これは聴覚障害者を意識したものではなく，単に外国語を知らない人への情報保障であった。しかしこれは，聴覚障害者にとって完全には情報保障とはなっていなかった。洋画の字幕には効果音（電話のベルや爆発音など）の情

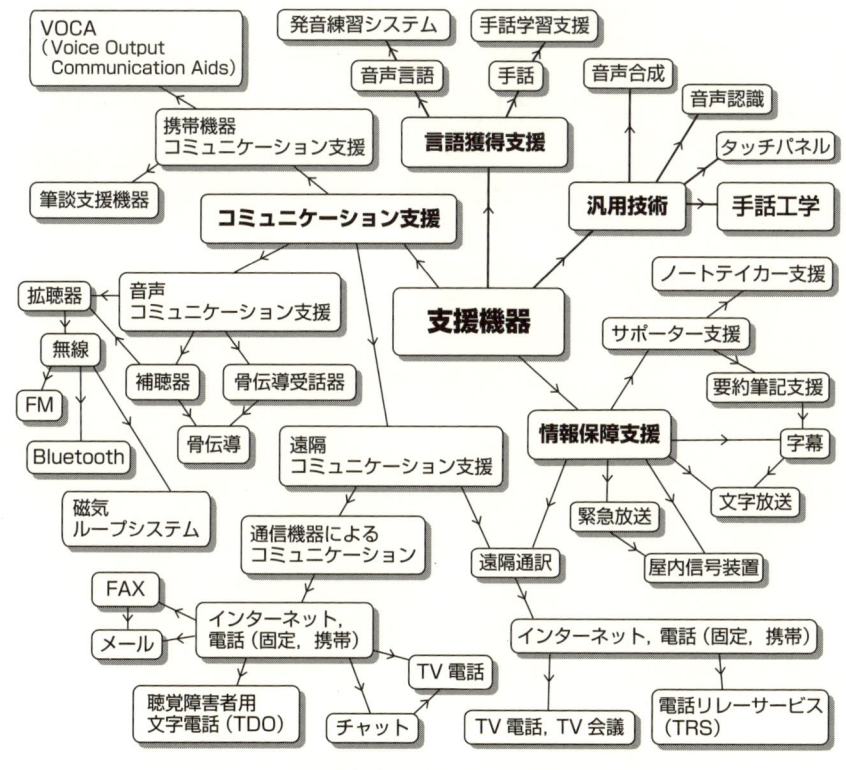

図5-10 聴覚障害者向けの支援機器の分類

報がなく，台詞についても画面上（あるいは画面外）の誰が話しているのかがわからないといった問題がある。これは，洋画の字幕が健聴者を対象としてつくられたためである。

アメリカにはクローズドキャプション（CC：closed captioning）と呼ばれるシステムがある。これは聴覚障害者のために台詞だけでなく，効果音も記号でテレビ画面に表示される。ADA法（Americans with Disabilities Act of 1990：アメリカ人障害者法）が制定され，アメリカのテレビ受像機にはクローズドキャプションを表示する機能を組み込むことが義務づけられた。

日本では，数年前からテレビ放送にも字幕（文字放送）が付くようになった。これは聴覚障害者向けの情報保障であり，クローズドキャプションと同様に先

(a) リアルタイム字幕放送　　　　　　　　(b) アイ・ドラゴン3

図5-11　目で聴くテレビ

の洋画の字幕で述べた問題（効果音や誰がしゃべっているのか）についても考慮されている。アナログテレビで，字幕放送を見るためには，文字放送対応のテレビ，あるいは対応のチューナーを購入する必要があった。しかし地上デジタル，BSデジタル放送ではすべての受信機に標準搭載されており，視聴者は新たな機器を購入することなくサービスを受けることができる。

　一般放送とは別に，「目で聴くテレビ」というCS放送がある。これは，1995年の阪神大震災の教訓をふまえて，全日本ろうあ連盟，全日本難聴者中途失聴者団体連合会が中心となって設立された放送局である。さまざまな番組に手話と字幕を付けて放送しているのが特徴である。独自の番組だけでなく，NHKなどの一般向けの番組にも，リアルタイムに字幕と手話を付けて放送している（図5-11(a)）。CS放送の視聴には，専用のデコーダー（アイ・ドラゴンⅡ）を購入するとともに受信契約をする必要がある。2010年春には地上デジタル放送に対応したアイ・ドラゴン3（図5-11(b)）が発売される予定である。また，一部の地上波テレビ（京都放送，テレビ神奈川，三重テレビ）やケーブルテレビでも放送している。

b　講演会等における字幕による情報保障

　講演会や学校の講義などで，講演者が話す内容をOHPに要約しながら書いて映し出す手法（要約筆記）が古くから行われている。最近は手書きではなく，パソコンを用いて行っているところも多くなってきた。講演者が話している内容，あるいは事前に準備された資料をパソコンに入力し，モニタに出力するシ

ステムとしてIPTalkが広く使われている。これは複数のパソコンと複数のオペレーターによって協調入力を行い，リアルタイムに要約筆記が行えるソフトである。現在，事実上の標準パソコン要約筆記ソフトとして使われている。IPTalkは現在も拡張作業が続けられ，携帯ゲーム機（ニンテンドーDSやPSP），携帯電話のブラウザにテキストの送信・表示が可能になっている。

また講演者の多くは，スライド資料としてマイクロソフト社のPowerPointを使用している。PowerPointの各スライドには，ノート領域があり，話す内容をここに記入する人が多い。坂根他(2007)は，このノート領域に記述されている内容を自動的に抽出し，別のパソコンに転送して，表示するシステムを開発した。また，木村他(2007)は，ノート領域の文字をスライドの最下部に，映画の字幕のように自動的に転写するシステムを開発した。

さらに筑波技術大学では，音声認識技術と組み合わせて，リアルタイムに字幕を表示するシステムや携帯電話に文字を提示システムを開発している。

余談であるが，オペラ劇場などでは，観客席の前にLED掲示板を置いて，情報保障を行っているところもある。これは聴覚障害者向けというよりも，外国人向け（日本人がドイツ語のオペラを観る時など）の情報保障である。

c ノートテイク

ノートテイクとは，大学などの講義で，その内容だけでなく周りの様子（他学生の質問やチャイムの音など）を文字で伝える筆記通訳のことである。これはリアルタイムで情報を伝達する手段なので，ノートテイカー自身が講義内容をまとめたノートを作成し，それを提供するわけではない。教員の板書は聴覚障害学生自身が書き取り，ノートテイカーは音声などによる情報を補う。

ノートテイクは2名1組で行うのが通常で，1人が10分〜15分，あるいは数ページ書いたら別の人と交代する。以前は，紙のノートに書いていたが，近年はパソコンを使ってノートテイクが行われたり，聴覚障害学生が複数いる場合は，パソコンの画面を大型のモニタに映し出すといった取り組みも行われている。

ノートテイカー支援として，パソコンを使ったノートテイク用のソフトがいくつか研究・開発されている。これは先に述べたIPTalkの他に，RTD2，まぁちゃんなどがある。また専門科目では専門用語が多く，情報保障が困難になるため，筑波技術大学では，聴覚障害学生とノートテイカーに適したキー

ワードを提示するシステムを開発している。これはあらかじめ講義資料を入手し，そこからキーワード（専門用語，固有名詞，数式など）を抽出ししておく。このキーワードを要約筆記中に，別PCの画面や要約筆記に使っている同一PC（サブウインドウとして）に提示するのである。このシステムは要約筆記だけでなく，遠隔通訳にも応用されている。

d 緊急情報

近年，災害時に緊急情報が提供されるしくみが確立されている。緊急情報には主に緊急警報放送と緊急地震速報の2つがある。緊急警報放送は，待機状態にあるテレビ・ラジオ受信機を自動的にオンにし，緊急警報情報を送信するシステムである。地震など大規模災害が発生した場合や津波警報が発令された場合などに行われる。一方，緊急地震速報とは，大きな地震が発生した時に，その揺れが到着する前に警報を発するシステムである。テレビやラジオでは通常の番組を中断して，この緊急情報を放送する。テレビやラジオの電源が入っていれば，情報を得ることはできるが，基本的にどちらも専用の受信機器が必要である。先に述べた「アイ・ドラゴン」には，CS通信の緊急信号を受信し，「目で聴くテレビ」の緊急放送開始を光で知らせる機能も備えている。災害発生時には，NHKのニュースにリアルタイムで手話と字幕を付けて配信している。

東京都狛江市では，聴覚障害者のための災害情報伝達システムを1985年9月1日から導入している。これは，防災行政無線と連動し，フラッシュベル（音の代わりに光の点滅で知らせる機器）で情報があるということを知らせるしくみである。

e 屋内信号装置

先に述べた緊急情報だけでなく，日常的に音で人に知らせるしくみは多くある。たとえば，FAXの受信，来訪者，赤ちゃんの泣き声など，さまざまな情報が音で知らされる。このような情報を聴覚障害者に知らせる方法として屋内信号装置がある。FAXの受信や来訪者は，FAXや呼び鈴などと連動し，フラッシュベルで知らせる。また，周辺の音を関知して，フラッシュベルで知らせたり，腕時計型受信機によってバイブレーションで知らせたりする機器もある。図5-12にその製品例を示す。

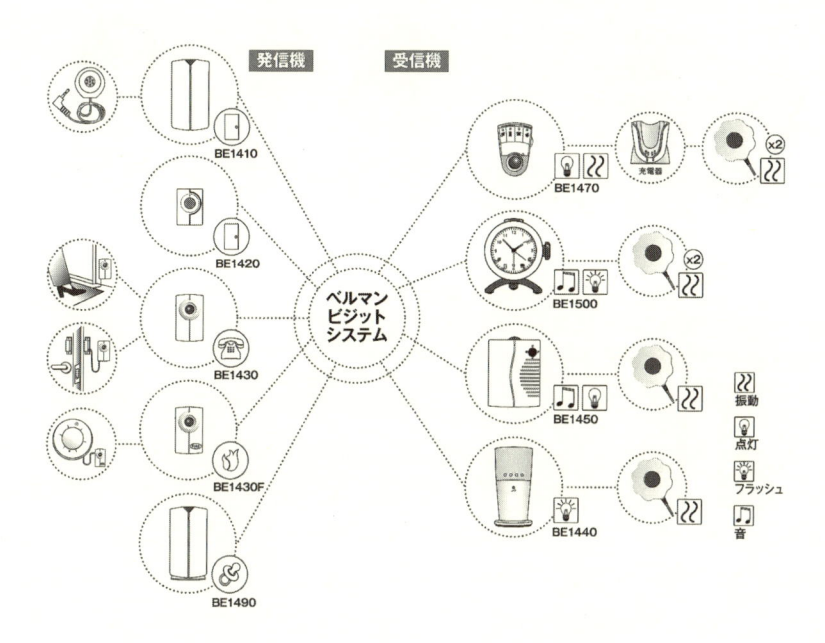

第 5 章　手話と聴覚障害者支援　　163

(a) 自立コム社　ベルマンビジット構成図

(b) 自立コム社　ベルマンビジット

(c) 東京信友　シルウォッチ

図 5-12　屋内信号装置

図5-13　電話リレーサービス

聴覚障害者（TTY）　　オペレーター　　健聴者（通常電話）
　　　　　　文字　　　　　　　　　音声

2.2　コミュニケーション支援

　人と人がコミュニケーションをとる場合は，健聴者の場合は，音声でそれを行う．遠く離れている場合は，電話という手段を用いてコミュニケーションをとっている．しかし，聴覚障害者の場合は，近くにいれば手話という手段で話すことができるが，離れている場合は，それが使えない．また，健聴者と聴覚障害者がコミュニケーションをとる場合，たとえ近くにいても音声によるコミュニケーションは困難である．

　近年，インターネットをはじめとする通信インフラが整備されてきた．また，情報機器も携帯性に優れ，価格も下がっている．これらを利用したコミュニケーション支援機器が多くある．これらの機器について述べる．

a　遠隔通訳

　健聴者と聴覚障害者が，遠隔地でコミュニケーションをとる場合，間に人が介在する方法がある．たとえば電話リレーサービス（TRS）がそれにあたる．これは，電話によるコミュニケーションが困難な利用者のためにオペレーターが間に入り，リアルタイムに双方向の会話を文字や手話などで中継するサービスである．1960年代に米国で文字通信端末（TTY：キーボードとプリンタやディスプレイなどの表示装置から構成される端末）が開発され，サービスが始まった．キーボードで文字を打ち込むとオペレーターがそれを読み，相手に音声で伝える．相手が音声で返事を話すとオペレーターがキーボードから入力し，プリンタやディスプレイにその返事を表示するのである．図5-13にその様子を示す．

　このTRSは欧米諸国やオーストラリアなどでは聴覚障害者のための情報保障として広く普及している．とくにアメリカでは，法律ですべての電話会社が

TRS をサポートするように義務づけられている。

　近年は，通信技術の発達によりビデオでの通信も容易になり，TTY だけでなく，ビデオカメラを使った手話による TRS も出てきた。また，聴覚障害者向けではないが，英語－スペイン語といった音声言語同士のサービスもあるのも興味深い。

　日本では，株式会社プラスヴォイスが TV 電話によるサービスと行っている。他にもいくつかサービスを行っているところがあるが，残念ながらいずれも欧米のような24時間無休での TRS ではない。株式会社 Loux では，TV 電話によるサービスの他に携帯電話を使った TRS（MMRS：モバイル・メッセージ・リレー・サービス）を行っている。

　これとは別の形態として，手話通訳のみが遠隔地にいて通訳を行うシステムがある。たとえば，何らかの講演会において手話通訳が必要であるが，手話通訳士をその場に派遣できない場合（離島など）がある。その時に，インターネット回線を使った TV 会議システムを用いて，遠隔地で手話通訳を行う。

　筑波技術大学では，このような遠隔手話通訳システムを開発し，さまざまな実証実験を行っている。

b　通信機器によるコミュニケーション

　遠くの人とリアルタイムにコミュニケーションを図る場合，以前は電話や FAX が主な通信手段であった。近年は，これらに加えてメールやチャットといった手段が現れた。

（1）FAX

　聴覚障害者が，遠隔地の人と連絡をとる場合は，FAX が主な通信手段であった。近年は，FAX 機器をもたない人でも送受信ができるサービスが出てきた。たとえば，送信の場合，1つはコンビニエンスストアなどで送信するサービスがある。また，パソコンによっては FAX モデムを搭載している機器があり，これを使うことで送受信が可能である。

　インターネットを使って，FAX を送受信するサービスもある。D‐FAX，FaxEmail や NTT の"FAX お知らせメール"では，受信した FAX の内容をメールで受け取ったり，FAX のイメージ画像をダウンロードすることができる。また NTT コミュニケーションズの iFAX などでは，メールを使って FAX

FAX　　　　　　　サービス会社サーバー　　　　　ユーザー

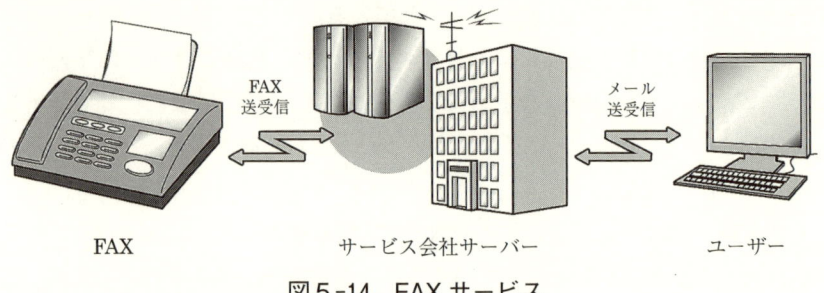

図5-14　FAXサービス

の送受信が行えるサービスを提供している。ここで紹介した会社以外でも同様のサービスを行っているところがいくつかある。図5-14にその様子を示す。

(2) 聴覚障害者用文字電話 (TDD)

TDDとは相手と自分の双方が文字通信端末（キーボードと表示装置）を使い、文字のやりとりによってリアルタイムでのコミュニケーションを行う電話機である。TRSのようにオペレーターは介さずに、直接通信を行うシステムである。現在は、携帯電話やインターネットによるメールやチャットの普及により、あまり使われなくなった。

(3) メール

メールは、最初はパソコン（ワークステーション）からしか利用できなかったが、携帯電話からもインターネットに接続できるようになり、相互にメールのやりとりが可能となった。さらに携帯電話の価格、料金が下がり、広く普及し現在の主な通信手段の1つとなった。メールが携帯電話からも手軽に使えるようになってからは、音声会話やチャットの代わりに使う人も増えた。ただし、FAXと同じように相手がすぐに読んで返事を出さないとリアルタイムのコミュニケーションとしては使えない。しかし、FAXと違い、外出先でも使えるために、聴覚障害者の標準的な通信手段となった。

以前は、数字や文字を受信することができる（送信は一般電話、公衆電話から行う）"ポケベル"というものがあったが、現在はほとんど使われていない。

(4) チャット

インターネット回線がまだ低速だった頃に、パソコン通信を使ってリアルタイムで会話が可能なサービスがチャットであった。これは、文字（一部アイコ

第5章　手話と聴覚障害者支援　　167

```
                               13:38:36
今仕事中？
お父さんの発言：           13:38:55
ちょっと遅めの昼食
                               13:39:18
何とか仕事が一段落した．
miporin43の発言：         13:39:43
お疲れ．こっちは子供たちがちっとも言うことを聞かな
くて大変です．
お父さんの発言：           13:40:08
相変わらずだね．ヤレヤレ
miporin43の発言：         13:40:35
明日の夜に帰ってくるの？お土産待ってるね．
お父さんの発言：           13:40:59
わかってます．じゃ，そろそろ仕事に戻ります．
miporin43の発言：         13:41:10
出張がんばってね．
                               13:41:23
バイバイ
```

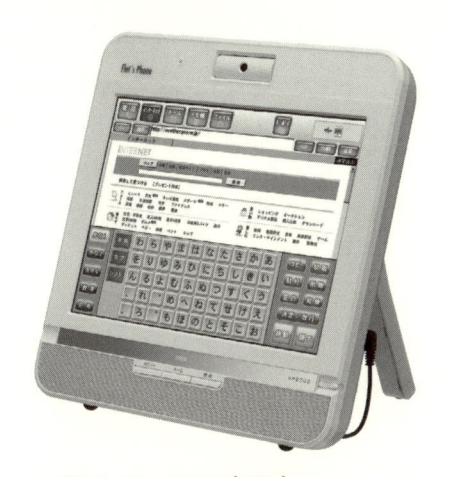

図5-15　チャットの例　　　　　図5-16　NTT東日本
　　　　　　　　　　　　　　　　　　　　　フレッツフォンVP2000

ンと呼ばれる絵)のみで行う通信である．文字を入力すると相手と自分の双方の画面に表示されて，会話が成立する．1対1の会話だけでなく，複数の人間と同時に会話することも可能である．このシステムはメッセンジャーと呼ばれる無料のソフトで提供される．

　近年は，インターネット回線の高速化とともに，文字だけでなく，音声や動画を使ったチャットも可能となり，電話やTV電話のような使い方も可能となった．図5-15に会話例を示す．

(5) TV電話

　TV電話そのもの技術と機器は古くから存在していた．1970年の大阪万国博覧会では，迷子探し(離れた親子がTV電話を使って相手を確認する)にも利用されていた．しかし機器が高価であるのと，高速回線を確保する必要があり，一般には普及しなかった．

　最近になってインターネット回線を使った電話(IP電話)が普及しはじめ，これを使ってTV電話も使うことができるようになった．NTTをはじめいくつかの会社でIP電話を使ったTV電話機器を販売している．図5-16に製品の例を示す．

　携帯電話にもTV電話機能が付いているものがあり，これを使って手話で会

話をする人もいる．通常の TV 電話と違い，片手に携帯電話をもつ必要があるため，片手で手話を行って会話をする人もいる．

また（4）でも述べたが，パソコンのソフトにはボイスチャットやビデオチャット等のように電話と同等の機能をもつソフト（メッセンジャー）が無料で配布されている．基本的にはパソコン同士の接続であるが，音声については，固定電話，携帯電話との通信も可能となった．

c　音声コミュニケーション支援機器

難聴者向けの支援機器も数多く販売されている．主に音を大きく，あるいは骨伝導で伝える機器とそれに加えて無線を使って遠くの音を聞く機器がある．

（1）補聴器，集音器，拡聴器

まず支援機器としてあげられるのが，補聴器である．医療機器に認定されているのが補聴器で，それ以外のものは集音器，助聴器，拡聴器などさまざまな呼び方で使われている．

補聴器は周囲の音を増幅する機能をもっており，形状は耳かけの形から小型で耳のなかに入れるものもある．単純に音を増幅するだけでなく，不要な雑音を削除して聞こえやすいようにしている．最近は，アナログ補聴器からデジタル補聴器に移行しつつある．デジタル補聴器はソフトウエアでその特性を変更することができるので，調整が容易かつ即座に行うことができる．また，デジタル信号処理技術により，飛躍的に性能が向上している．

集音器などは基本的には補聴器と同じ機能をもつ機器である．一般に補聴器より価格が安いという面があるが，その性能にはばらつきがあるので注意が必要である．

これとは別に，一般電話器や携帯電話機に接続して，音声を増幅させる機器もある．

（2）無線技術の応用

補聴器などのなかには，無線受信機能をもつものもある．たとえば，講演会で講演者の声をマイクから拾い，無線を使って補聴器に受信させれば，講演者から遠くてもクリアな音声を聞くことができる．

使用する無線技術にはいくつかあるが，その 1 つとして，磁気誘導ループシステムがある．まず，ワイヤーを輪のように這わせておく．マイクから集音さ

れた音をアンプを通じてこのワイヤーに流すと，ワイヤーは音に合わせて磁界を発生する。磁気誘導ループから発生する磁気を補聴器が受信し，音声信号に変える事で雑音の少ないクリアな音声を聴く事ができるのである。

　これ以外の無線技術としてFM電波や近年携帯音楽プレーヤにも使われはじめたBluetooth技術も用いられている。Bluetoothは近接した（10m程度）機器間でのデータのやり取りを行う無線規格である。音楽プレーヤとイヤホンをBluetoothで接続するとワイヤレスのイヤホンとなる。また，携帯電話にも搭載されており，携帯電話同士，PCとの間で写真やメールアドレスのやり取りが可能である。任天堂のゲーム機Wiiやソニーの PLAYSTATION 3 のリモコンもこの技術が使われている。

（3）骨伝導

　骨伝導とは，音声などの振動が頭蓋骨を伝わって，直接聴覚神経に音が伝わるものである。この現象はつねに身の回りで起こっている。自分自身の声は，録音機で録音・再生した声と，自分自身が聞いている声が違うはずである。これは，自分自身の声は耳から聞くと同時に，骨伝導で聞いているからである。この骨伝導を応用した機器がいくつかある。

　1つは，骨伝導受話器である。一般の固定電話器の受話器を交換して使うタイプや，携帯電話にも搭載されているものがある。また，骨伝導ヘッドホンも販売されており，音楽などを鑑賞することができ，さらに補聴器などにも搭載されているものがある。

d　携帯機器によるコミュニケーション支援

（1）筆談支援機器

　聴覚障害者がすぐそばにいる人とコミュニケーションをとる場合に，手話以外の方法で行うには，筆談が主な手段となる。これは，紙と筆記用具さえあれば可能であり，非常に有効なコミュニケーション手段である。ただし，字を丁寧に書き，わかりやすい文章で書くことが大切である。

　このような筆談にも利用できる機器がある。1つは子どものお絵かきのおもちゃと同じしくみの磁気式メモボードである（もちろんこのおもちゃも筆談には十分使える）。先に磁石のついたペンを使って，白いボードに字や絵を描くと，内部にある砂鉄がボードの裏面に付き，黒い線となって現れるのである。消す

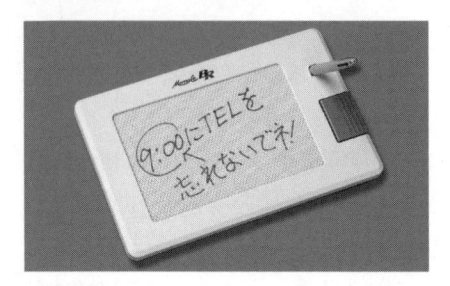

図5-17　パイロットコーポレーション
　　　　磁気ボードメモレBR

図5-18　バンダイナムコゲームス社
　　　　トーキングエイドIT

時は、レバーをスライドさせて、砂鉄を落とすしくみである。多くの人はこれで遊んだ経験があるはずである。最近の製品には、磁石のNS極をうまく使って、黒色だけでなく赤色も出せる製品もある（図5-17参照）。

この機器は普段から持ち歩くというよりは、店の窓口などに常設しておき、必要な時に筆談に用いることが多い。

（2）VOCA（Voice Output Communication Aids）

近年は携帯型情報機器の発達により高機能な支援機器が開発されている。人工音声を使って相手に意志を伝えるVOCAと呼ばれるコミュニケーションエイドはその1つである。

VOCAにも多種多様な製品がある。1つは、録音と再生が可能な機器で、あらかじめ録音した音声を、ボタンを押して再生する製品がある。ボタンも1ボタン式から、ボタンパネルが変えられる複数ボタン式まである。

また、キーボードと表示装置から構成される機器がある。これは話したい文章をキーボードから打ち込むと、それが音声合成されて再生されるのである。図5-18にその製品例を示す。

専用器ではなく、タッチパネルタイプのノートパソコンやPDA上でそれらの機能をもたせたシステムもある。

製品例としてPDAを用いたハートチャットや音声は出力されないが、文字・アイコン・写真を用いてコミュニケーションをとる携帯電話アプリのハートチャット-iがある。図5-19にPDAを使ったハートチャットと、携帯電話で動作しているハートチャット-iの画面を示す。

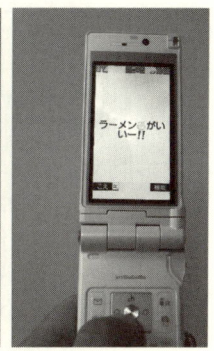

(a) ハートチャット　　　　(b) ハーチャット-iの画面

図5-19　ハートチャット　ハートチャット-i

2.3　言語獲得支援

言語獲得を支援機器として，音声言語と手話の2種類について紹介する。

a　音声言語獲得支援

音声言語の場合，その獲得は耳から聞いた音をまねることからはじまる。しかし，聴覚障害者の場合，その音声が聞こえないために獲得が難しい。音声言語の獲得を支援する機器として発音練習システムがあげられる。

このシステムでは，「音を目に見えるようにし，それを見ながらまねて声を出す」という方法で練習をする。音を目に見えるようにする方法には2種類ある。1つは音を波形（周波数と振幅）で表示する方法と，もう1つは，周波数スペクトルによる表示である。図5-20に音声波形と周波数スペクトルの例を示す。音声波形は地震計や電波をイメージしてもらえれば良い。周波数スペクトルはオーディオのイコライザで表示される棒グラフと同じである。

発声したい音声についてあらかじめ見本となる声を録音しておき，波形と周波数スペクトルで表示する。そして，表示しながらユーザーは，その波形に合うように自ら発声する練習を行う。波形と一致すれば，同じ声が出ていることになる。

b　手話学習支援

聴覚障害者，健聴者に限らず，手話を母語としていない人が手話を獲得するためには外国語を習得するように学習をする必要がある。

(a) 音声波形　　　　　　　　　(b) 周波数スペクトル

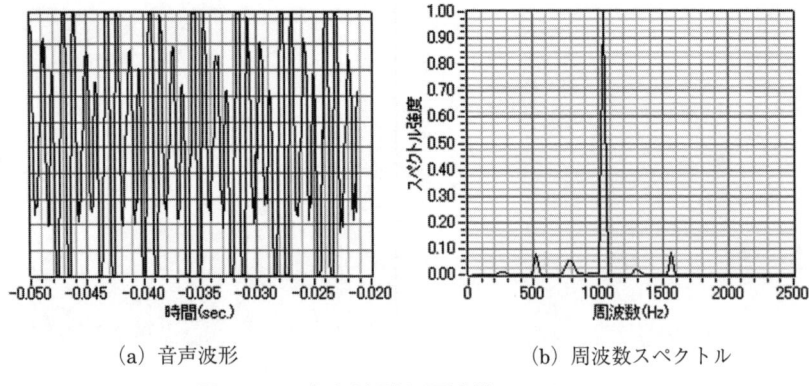

図 5-20　音声波形と周波数スペクトル

　新たに言語を獲得するためには，言語教育を専門とする人から教えてもらうのが一番よいが，それに加えて学習教材があるとよりよい。
　手話の場合は，NHK の「みんなの手話」で習う人が多い。また，さまざまな教材が書店で売られている。しかし，手話は動きによる言語なので，書籍だけでは理解が難しい部分もある。書籍によっては DVD ビデオを付録として販売しているものもある。
　パソコンのソフトウエアでも，手話を学習する教材がいくつか発売されている。また，Web 上でも学習サイトや日本語－手話辞書サイトがある。学習サイトは数多くあり，検索サイトで「手話　学習」と入力すれば，容易に探し出すことができるであろう。手話辞書サイトは weblio 手話辞典が充実している。
　現在の学習ソフトの多くは主に手話単語を学習するソフトであるが，手話特有の表現（空間の利用や非手指信号など）を学習するようなシステムも開発されている。

2.4　汎用技術

　聴覚障害者支援機器に限らず，いろいろな場面で使える技術がある。1つは音声合成ソフトである。発話が困難な人に有益である。音声認識は，キーボードから入力が不自由な人に便利であるだけでなく，聴覚障害者にとっては，相手が話す内容を瞬時に文字に変えられるシステムとして有効である。タッチパ

ネルは，操作が直感的に行えるので，機械の扱いに慣れていない人でも簡単に使える優れたインターフェースといえる．

とくに聴覚障害者支援として意識していないが，結局聴覚障害者にも優しい機器がいくつかある．

たとえば，首都圏の列車のなかには，ディスプレイが備えてあり，そこには駅や路線の案内の他に CM などが流れる．しかし列車のなかは騒音で音声を流しても聞き取り難いので，基本的には文字や絵，動画のみで案内している．また，カラオケ店や居酒屋ではタッチパネルの機器が置いてあり，食事の注文をそこから行えるところがある．

このようなシステムは聴覚障害者を対象としていなかったが，結果的には聴覚障害者にも有用なシステムであるといえる．

2.5 今後の期待

ここで紹介した機器は主に市販されているものを中心に紹介した（一部研究開発中のものもある）．

聴覚障害者用と想定していなくても，支援機器として使えるものは多くある．一般に普及しているものが使えれば，入手がしやすく，安価に購入できるメリットがある．たとえば，携帯電話のメールや TV 電話機能はとくに聴覚障害者を意識したわけではない．またインターネットの普及もそうである．

新たに機器を開発するのではなく，少し改良を加えるだけでより使いやすくなるものや，既存のシステムを組み合わせて使うだけでより便利になる機器はあるはずである．そのような支援機器が今後も出ることを期待している．

民間による機器開発の事例や助成状況などの情報は，独立行政法人情報通信研究機構の「情報バリアフリーのための情報提供サイト」や「高齢者・障害者向けの新たな通信・放送サービス充実研究開発助成金制度」のサイトが詳しい．

また，最新の研究開発事例については，各学会の論文誌，研究会誌を参照してもらいたい．論文や研究成果の検索には，国立情報学研究所が提供している学術コンテンツ・ポータル（GeNii：http://ge.nii.ac.jp/genii/jsp/index.jsp）を利用するのが便利である．

引用・参考文献

伊藤憲三・北脇信彦「会話音声の時間的特徴量に着目した遅延品質評価法」『日本音響学会誌』Vol.43, No.11, pp.851-857, 1987年

太田晴康「ノートテイク（要約筆記）支援ソフトの設計と活用」『静岡福祉大学紀要』第2号, pp.19-28, 2006年

勝丸徳浩・秋田祐哉・森信介・河原達也「大学講義のノートテイク支援のための音声認識用言語モデルの適応」『情報処理学会研究報告 SLP』72（5）, Vol.2008, No.68, pp.25-30, 2008年

加藤伸子・河野純大・黒木速人・村上裕史・西岡知之・若月大輔・皆川洋喜・塩野目剛亮・三好茂樹・白澤麻弓・石原保志・内藤一郎「聴覚障害学生のための講義におけるキーワード提示の基礎的検討」『電子情報通信学会技術研究報告 ET』2007-81, Vol.107, No.462, pp.71-76, 2008年

神田和幸・長嶋祐二・市川熹「サインデックス試案」『信学技報』ET96-82, pp.47-52, 1996年

木村勉・梅村善尚・神田和幸・原大介「PowerPoint スライドへの字幕挿入システムの開発」『電子情報通信学会技術研究報告』WIT2007‐14, Vol.107, No.61, pp.75-78, 2007年

小林正幸・西川俊・三好茂樹・石原保志「聴覚障害者のための携帯電話を用いたリアルタイム文字提示システム」『電子情報通信学会技術研究報告』ET2007‐75, Vol.107, No.462, pp.37-41, 2008年

坂根裕・織田修平・萩川友宏・竹林洋一「多様な運用形態に適応する手頃な情報保障ツールの設計と実践—聴覚情報保障を中心として—」『電子情報通信学会論文誌D』Vol.J90-D No.3, pp.683-692, 2007年

田中久弥・宮本一郎・長嶋祐二「事象関連電位 N400 計測に基づく日本手話理解における意味処理分析」『計測自動制御学会　論文集』Vol.44, No.10, pp.768-775, 2008年

谷内田正彦編『コンピュータビジョン』丸善出版, 1990年

出渕亮一郎・末松亜斗夢・八木良一・長嶋祐二「手話アニメーション合成エディタの開発」『信学技報』Vol.106, No.57, pp.53-58, 2006年

長嶋祐二・神田和幸「手話のコンピュータ処理」『電子情報通信学会誌』Vol.84, No.5, pp.320-324, 2001年

中園薫・柳橋史織・長嶋祐二「手話動画像用デジタル符号化法の提案と評価」『ヒューマンインタフェース学会論文誌』Vol.7, No.1, pp.131-140, 2005年

中園薫・寺内美奈・長嶋祐二「映像遅延が手話対話へ及ぼす影響の定量化手法」『電子情報通信学会論文誌 D』Vol.J90-D, No.3, pp.628-638, 2007年

中野栄二『ロボット工学入門』オーム社, 1983年

原大介・長嶋祐二・市川熹・神田和幸他「工学的応用を考慮した手話の弁別的特徴の抽出方法とその記述法」ヒューマンインタフェース学会『ヒューマンイ

ンタフェースシンポジウム2007論文集』pp.465-470, 2007年

柳澤信夫・柴崎浩『神経生理を学ぶ人のために』第2版, 医学書院, 1997年

柳沢美貴・長嶋祐二「手話の認知メカニズム解析のための輝点手話による分析手法の検討」『電子情報通信学会技術研究報告』Vol.106, No.612, pp.7-12, 2007年

米原裕貴・長嶋祐二・寺内美奈「ネイティブサイナの注視点分布の計測」『信学技報』Vol.102, No.254, pp.91-95, 2002年

米原裕貴・長嶋祐二「手話の習熟度による注視点の変化に関する実験的検討」ヒューマンインタフェース学会『ヒューマンインタフェースシンポジウム2002論文集』pp.233-236, 2002年

Bear, M.F., Connors, W.B. and Paradiso, M.D. Neuroscience:Exploring the Brain, Third edition. Lippincott Williams & Wilkins, 2007

（加藤宏司・後藤薫・藤井聡・山崎良彦（監訳）『神経科学』西村書店, 2007年）

Hickoka, G., Bellugib, U. and Klima, E.S. "What's right about the neural organization of sign language?" A perspective on recent neuroimaging results, Trends in Cognitive Sciences 2(12), 465-468, 1998

Kanda, K., Ichikawa, A., Nagashima, Y. et al. "Notation System and Statistical Analysis of NMS in JSL (Gesture and Sign Language in Human-Computer Interaction)." Lecture Notes in Artificial Intelligence, Springer, LNAI. 2298, pp.181-192, 2002

Kutas, M. and Hillyard, SA. "Reading senseless sentences, Brain potentials reflect semantic incongruity." Science, 207, 203-204, 1980

Petitto, L.A., Zatorre, R.J., Gauna, K., Nikelski, E.J., Dostie, D. and Evans, A.C. "Speech-like cerebral activity in profoundly deaf people processing signed languages", Implications for the neural basis of human language, Proceedings of the National Academy of Sciences of USA, 97(25), 13961-13966, 2000

Rabiner, L. and Juang, B. Fundamentals of speech recognition. Prentice-Hall, 1993

（古井貞熙（監訳）『音声認識の基礎（下）』NTTアドバンスドテクノロジー, 1995年）

Sakai, K.L., Tatsuno, Y., Suzuki, K., Kimura, H. and Ichida, Y. "Sign and speech:Amodal commonality in left hemisphere dominance for comprehension of sentences". Brain 128, 1407-1417, 2005

ホームページその他

エブリネットメッセージプラス　株式会社ACCEL　http://www.messageplus.jp/

遠隔地リアルタイム字幕提示システム　筑波技術大学　障害者高等教育研究支

援センター　障害者支援研究部　http://www.tsukuba-tech.ac.jp/ce/fcs01/index.html
株式会社Loux　http://www.loux.co.jp/
株式会社プラスヴォイス　http://www.plusvoice.jp/
高齢者・障害者向けの通信・放送サービス　充実研究開発助成金制度　http://www2.nict.go.jp/q/q266/s807/7_3/html
こころWeb　http://www.kokoroweb.org/
手話辞典　ウェブリオ株式会社　http://shuwa.weblio.jp/
手話情報学研究会　http://www.ns.kogakuin.ac.jp/~wwc1015/sig-sile/
手話典　http://shuwaten.jp/pc/index.html
筑波技術大学　コミュニケーション支援グループ　http://www.tsukuba-tech.ac.jp/el/csg/index.html
ハートチャット　http://www.oew.com/hc/
ハートチャット−i　http://www.heart-chat.jp/
まぁちゃん　太田晴康　http://www006.upp.so-net.ne.jp/haruyasu/
メッセージプラス　株式会社新生　http://www.net-fax.jp/
目で聴くテレビ　特定非営利活動法人（NPO法人）CS障害者放送統一機構　http://www.medekiku.jp/
モバイル・メッセージ・リレー・サービス　http://shuwaten.jp/pc/mmrs.html
AT2ED　http://at2ed.jp/
D−FAX　YOZANスカイキャストコミュニケーションズ　http://www.d-fax.ne.jp/
FAXCASTサービス　創心企画株式会社　http://www.faxcast.ne.jp/
FaxEmail　技研商事インターナショナル株式会社　http://www.giken.co.jp/ics/faxemail/index.html
Faximo　株式会社エディックワークス　http://faximo.jp/
FAXお知らせメール　NTT東日本　http://flets.com/hikaridenwa/service/fax.html
Flipper　http://www2.wbs.ne.jp/~condle/
HamNoSysVersion 4　http://www.sign-lang.uni-hamburg.de/projects/hamnosys.html（2009年5月1日確認）
iFAX　NTTコミュニケーションズ　http://www.ntt.com/iFAX/data/detail.html
IPTalk　栗田茂明　http://iptalk.hp.infoseek.co.jp/
NTT西日本　http://www.ntt-west.co.jp/flets/hikaridenwa/service/fax/index.html
RTD2　神野健吾　http://hp.vector.co.jp/authors/VA006163/pccap/

第6章　ろう文化

　近年は「ろう文化」という表現が頻繁にみられるようになった。しかし，その内容を知っている人は少ない。ろう者自身もよくわかっていない，というのが実情である。ろう文化という考え自体は1980年代のアメリカのろう運動で，手話，ろう社会，ろう文化は一体であるという思想が，1990年代後半に日本に導入された。きっかけは「ろう文化宣言」（『総特集ろう文化』現代思想1996年4月臨時増刊号，青土社）である。アメリカのろう文化主義はマイノリティによる公民権運動の一環だが，日本ではろう社会の文化と障害者の人権という視点での主張である。そもそも文化とは何かという定義も問題だが，実際にはどういうことなのか，専門的議論もあるが，本章では一般的な理解を紹介したい。

1　聴覚障害者人口，ろう人口と手話人口

　そもそもろう者とは何であろうか。聴覚障害者にはろう者，中途失聴者，難聴者がいることはすでに説明した。中途失聴者はもっとも理解しやすい。難聴者とろう者の違いは国の見解では聴力損失度の差だが，実際には言語が問題である。厚生労働省の統計によれば，聴覚障害者の人口は約35万人とされる。
　アメリカでの定義はろう者とは手話を母語とし，ろう者の集団がろう社会であり，ろう社会の文化がろう文化である。つまり3者は不可分の一体であるという。日本のろう文化主義者はこの定義にしたがう。それによれば日本のろう者は日本手話を母語とする人ということになる。では日本手話を母語とするということはどういうことだろう。ほとんどの場合，言語は親から子に伝承される。親がろうで日本手話を母語としていれば，その子は日本手話が母語になる。それが聴者の子であればコーダ（Children of Deaf Adults ＝ CODA）と呼ばれ

るが，ろう者ではない。ろう社会の聴者メンバーという独特な存在になる。聴力障害児のほとんどは聴者の両親をもつ。そのままの状態では日本手話は獲得しない。そこでろう学校に入ると，ろうの両親をもつろう児で日本手話を母語とする児童と接触し，子ども同士のコミュニケーションから日本手話を獲得していく，という言語習得過程が提案されている。実際，ろう学校を中心とした地域ろうコミュニティが存在するから，この仮説は説得力がある。しかし，問題はろう学校に通わなかったろう児である。彼らも成人して，ろう者となるが，日本手話は獲得していないことになる。この仮説では，ろう者に日本手話を母語としている人 Deaf と母語としていない人 deaf がいることになる。あるいは日本手話を母語としていない人は聴覚障害者であってもろう者ではない，と定義することになり，ろう者間の差別につながる可能性が高い。

　市田他（2001）「日本手話母語話者人口推計の試み」によればろう人口は約5万7000人と推定している。推定根拠は上記の仮説にしたがい，ろう学校卒業生を推計している。これは厚生労働省の1996年版身体障害者実態報告書の示す「手話を修得している者」は4万3000人という推計に異論を示したものだ。だが，神田他（2008）「日本の聾者人口の推計」によれば，この推計には2つの問題点がある。1つは卒業者数が不明な場合，推定存命率から推定していることだ。卒業者数が不明である戦争中と戦後については死亡者が多く，人口そのものが減っているので，ろう人口も減るはずだ。しかし，ろう者の多くは軍人にはなれないので，戦死者は相対的には少ないと推定できる。推定存命率の例外となる。2つ目は厚生労働省の統計手法を疑問視している点である。その統計手法は一般的なものであり，もしこれが疑問だとするならば，市田他が論拠としている文部省統計も総理府統計も疑問だということになり，自己矛盾になる。神田他（2008）は厚生労働省の「障害者報告」から手話能力をベースに，聴力損失度が大きく手話ができる人をろう者とみなすと，ろう人口は3万5千人であるという。結論として，3.5万人，4.3万人，5.7万人とかなり数字の開きがあるが，いずれをとるにせよ，手話を母語とする人をろう者と定義すると聴覚障害者数と比べかなり少ない。

　聴覚障害者の80％以上が手話を知らないという事実は重大であろう。少数だが難聴者や中途失聴者も手話を活用する。そして手話を学習し，プロあるいは

ボランティアとして通訳をしている人，手話学習者を含めた「手話人口」はどのくらいいるのかわからない。手話通訳士が約3000人，手話通訳団体では通訳者数を約1万と推定しているが，重なっている可能性が高い。学習者がその数倍とみて，全部で10万人というところだろうか。もう少し多いとみて，12万人としても，日本の人口の1％程度である。アメリカでは手話人口は300万といわれる。最大2400万という推定もあるらしい。アメリカ人口は日本の約2倍であるから，10％近くなる。この手話普及率の差は手話学習制度にあると考えられる。

日本の手話学習者のほとんどは地域の手話講習会や手話サークルで学習している。しかも手話講習会には定員があり，最近は定員に満たない所もあるが，以前は競争倍率が数倍という所もあったようだ。つまり手話を学習する場は多くない。アメリカの場合，手話をはじめて見る場所は教会のようで，教会の日曜学校で習うことも多い。そして大学の多くが手話を外国語と認め単位を認定しており，多くの学生が学習する。手話には発音がなく，文法もやさしいので人気がある。そのため手話普及率が高く，空港やホテルで手話が通じる可能性が高く，遊園地やレジャーランドでも手話による案内がある。手話の普及率は2割位だという人もいる。日本の20倍になる。近年はADA法（アメリカ人障害者法）の影響もあり，さらに普及率が進んでいるらしい。日米の手話普及の差をみると，学習の場の提供，手話という言語に対する国民の理解の差が大きいことがわかる。

ちなみに英語でいえば，英語を母語とする人口は世界人口の4分の1程度だが，理解できる人口は世界人口の3分の2になる。言語の利用者を母語話者だけと考えるのは誤りで，第2言語あるいは共通言語としてどのように利用されているかを考えるべきなのである。

2　聴覚障害者の社会環境

神田（2007）は全国の上場企業8000社に対し，聴覚障害者に対する意識調査を行った。回答したのは578社（7.2％）と低く，企業の関心の薄さを示している。回答のあった会社の90％は障害者雇用促進法を知っているが，実際に雇用

しているのは，知っていると答えた企業の28％ときわめて低い雇用率である。さらに問題なのは聴覚障害者への対応である。聴覚障害者のお客さまへの対応で困っていないとの回答が90％，何かトラブルがあったかという質問に，ないと答えたのが93％。何か対策を採っているかとの問いには，採っていないのが75％であった。つまりは聴覚障害者のお客に対しては，存在も意識していないし，何も対応をとっていないのである。緊急対策はあるか，との問いには，なしと答えたのが91％で，聴覚障害者は災害の罹災率が非常に高いことを裏付ける。アメリカのADA法に比べ，障害者に対しては日本は政策面でも企業の意識も非常に低いことを示している。障害者雇用だけでなく，障害者の社会面での支援を国策として考えるべき時期に来ている。

　日本の企業の約8割がサービス業であることからすると，障害者のお客様は大きな市場であるはずだ。しかし，企業側はほとんど意識していない。たとえば電器製品の多くは音によるガイドやメッセージがあるが聴覚障害者には使いにくい。電子レンジの調理終了のチンや風呂が沸いたことを知らせる音など聴覚障害者には利用できないなど工夫の余地がおおいにある。聴覚障害者だけでなく高齢者にも優しくない。重要なのはホテルやビルの火災警報で，聴覚障害者は逃げ遅れる危険性もある。館内放送，車内放送も聴覚障害者は利用できないので，緊急時に何が起こったのかわからず対応が遅れるなどの危険性もある。これらの対応は聴覚障害者だけでなく，高齢者にも同じであり，今後，社会が対応していかなければならない問題である。調査が示すように企業側の意識改革がまず必要であり，公的機関の認識とPR活動が不可欠である。

3　ろう文化とは何か

　ろう文化とは何か，ということは意外と知られていない。聴覚障害＝ろう文化ではないからである。聴覚障害者には中途失聴者，難聴者とろう者がいることは繰り返し述べてきたが，手話の違いだけでなく，文化の違いが大きいことは案外知られていない。ろう者の行動にはろう文化と呼ばれる独特の行動パターンがある。以下，例を示すと

　　＊人や物を指す時に指さしで示す。目の前の人であっても，指さしをす

る。
* 人を呼ぶ時に電気をつけたり，消したりする。または，テーブルを軽くたたいたり，床をどんどん踏み鳴らす（振動で呼ぶ）
* 話す時にアイコンタクトを重視する。
* 飲食店等で店員を呼ぶ際には大きな音で手を叩くか，手をあげて大きく振る。
* 点滅などで知らせるドアベルやベビーシグナルを利用する。
* 騒音の激しいところでも離れていても手話で会話する。
* 遅い時刻でも知人をアポなしで訪ねる事が多い。
* 電車のなかで隣同士でなく，向かい合わせで会話する

　これらの行動は奇異に見られることも多い。異文化なのであるが，不作法と思う人もいる。日本のような複合文化が認められにくい社会では，異文化をもつ人々は就学，就職，結婚などで不利なことが多い。異文化は本人に自覚がなく，他者が感じるものである。ろう者が自らの文化について語ったのが「ろう文化宣言」だが，本書ではろう者に接する人々が感じるろう者の行動について紹介する。

　ろう者を雇用している職場では，周囲の聴者が共通に感じることがある。ろう者は服装が派手目である，原色を好む，など嗜好に独特のものがあるという。これらは視覚重視の行動からくるものであろう。

　同僚からは礼儀をわきまえていない，という批判も多い。たとえば，部長や社長の肩を叩いたり，気安く話しかけるなどである。ろう者の多くは，他の社員とは別枠で採用される。その窓口は人事部長や社長などであることが多く，「何か困ったことがあったらいつでもいらっしゃい」という，いわゆる社交辞令を額面通り受け取り，「コピーの仕方がわかりません」とか「パソコンの操作がわかりません」などの"困ったこと"を直接，部長や社長に聞く，などの行為もある。部長や社長だけでなく，部下も同僚も困惑し，どう対処したものかわからない，という相談が実際にろう学校やハローワークにくる。

　職場に複数のろう者がいる場合，ろう者同士でトラブルになることも多い。お互いに同じ障害という連帯感がある一方で，お互いに過剰な期待から思いどおりにならなくて喧嘩になる。ろう者間における上下関係はさらに難しいもの

がある。ろう者の団体においても，人間関係におけるいろいろなトラブルがあることは一般にはほとんど知られていないが，手話通訳者や福祉関係者の間ではよく知られている。ろう社会は緊密な人間関係がある分，家族のような愛憎関係が生じることも多い。

　ろう者は社会的成熟が低いという指摘もある。いくつになっても子どもみたいな行動をする，というのである。手話コミュニケーションという閉鎖的になりやすい社会環境により，一般社会から離れた生活を送るケースも多い。これはろう社会だけの特徴ではなく，異民族が多く住む複合文化社会では普通にあることだが，日本は異民族が住みにくい社会で，ろう社会のような言語マイノリティ社会は閉鎖的にならざるをえない。その結果，マジョリティ社会のマナーやルールを学習する機会も少なく，非礼な行動，未成熟な行為とみなされることになる。

　ろう文化を主張することは，劣等感から離脱し自らのアイデンティティに誇りをもつようになれる反面，マジョリティ社会への反発，反抗につながることもある。ろう者の手話のみを手話と主張する，難聴者は純粋なろう者ではないと批判する，などの反発的行動もみられる。いわゆるセクショナリズム，民族主義的主張と同類の主張に流れやすい。実際，日本のろう運動の一部はアメリカ的民族主義と主張点が似てきた。これはアメリカろう運動の影響である。ろう文化宣言はこうした文脈で主張され，日本手話主義が拡がった。その１つが，ろう文化とは日本手話（ろう手話）であり，日本手話はろう社会の言語である，という主張である。これはアメリカの言語・社会・文化一体論の受け売りである。

　アメリカのような多民族多文化複合社会では妥当性があるが，そのまま日本社会に当てはまるとはいえない。客観的にみて，日本のろう社会はアメリカろう社会よりは日本社会に近い。ろう文化を上位文化とし，アメリカろう文化や日本ろう文化を下位文化とする構造ではなく，日本ろう文化は日本文化の下位文化（サブカルチャー）であると考えられる。その証拠はいくつもあり，たとえば，日本のろう者はうなづきやお辞儀が多いといったジェスチャー，先輩後輩といった社会的上下関係などアメリカにはない文化が日本ろう文化にある。アメリカろう運動を無批判に受け入れるのも，ある意味，日本文化である。

現在の日本ろう文化主義は批判を一切受け入れない独善的傾向が顕著になってきた。世間もろう者を批判する者は非情であるかのような印象をもつから，誰も批判しなくなる。結果として，ろう者自身あるいはろう者の周囲から，正当な意見を述べようとする者はいなくなる。このため長く手話通訳を努め，ろう者に対する理解も深いベテランが失意のまま去っていくケースが多いのは残念なことである。

　文化とは人間の行動の様式のことであり，過剰あるいは過小に評価し，特定の価値観や主義を押しつけることは正しくない。ろう文化についても同じことがいえる。手話がろう者の言語であることは間違いないが，ろう者だけの言語であるという誤った主張が是正されることに本書が貢献するよう期待したい。

参考文献

市田泰弘他「日本手話母語話者人口推計の試み」『日本手話学会第27回大会予稿集』2001年

神田和幸・木村勉・原大介「日本の聾者人口の推計」『日本手話学会第34回大会予稿集』2008年

神田和幸「聴覚障害者の情報支援ニードの実態調査と認知科学的見地からの提言」文部科学省科学研究費補助金特定領域研究『障害者・高齢者のコミュニケーション機能に関する基礎的研究』2006年度研究成果報告書, pp.66-71, 2007年

神田和幸「聴覚障害者の情報支援ニードの実態調査認知科学的見地からの提言」『電子情報通信学会信学技法』WIT2006-46, pp.79-82, 2006年

索　引

◆A
AdapSync 151
ADA法 159, 179, 180

◆C
CL 48, 81, 82
CODA 149, 177

◆D
Deaf 23, 24, 149, 177, 178
DP 68, 154

◆E
ERP 150

◆F
fMRI 148, 149

◆H
HamNoSys 63, 157
HMM 154
H言語 98

◆I
IBT 115
ICT 147, 148, 155
IPA 62, 157
IPTalk 161

◆L
L言語 98

◆N
N400 150
NMS 72, 74, 90, 91, 92, 93, 147

◆S
sIGNDEX 157, 158
SSS 37

◆T
TDD 166
TTY 164, 165

◆V
VOCA 170

◆あ
アイカメラ 151, 152
アイ・ドラゴン 162
新しい手話 30, 43, 44, 53, 85, 113, 114
アメリカ手話 24, 28, 29, 45, 47, 49, 50, 52, 59, 63, 70, 75, 76, 84, 88, 93
異側 66, 69
異形態 80
移行 100, 168
意味の固定化 86
医療場面 134, 135

索引　185

ウェルニッケ野　148
円滑化　72
押印　64, 69, 78, 79
音韻的　44, 60, 74, 78, 101
音韻論　53, 58, 75, 76
音声的　62, 63, 74

◆か

階層的構造　79
書きことば　11, 12, 13, 14, 16, 17, 30, 98
家庭手話　31
カリキュラム　96, 103, 104, 105
感音性難聴　13, 18, 23
聞き手　12, 13, 87
利き手　65, 66, 67, 69, 70, 71, 80, 81, 89
聞き取り通訳　133, 140
起源　28, 30, 31, 33
基本語彙　28, 29, 66, 104
京都盲唖院　30, 31
屈折　86
頸肩腕症候群　131, 133
形態素　48, 57, 67, 71, 77, 78, 79, 80, 82, 83, 158
形態論　53, 58, 75, 77, 84, 89, 90
言語学　17, 41, 42, 57, 58, 59, 62, 63, 76, 77, 82, 96, 98, 100, 104, 109, 147, 155
言語干渉　40
言語政策　50, 99
言語接触　35, 36, 37
言語普遍論　59
現代手話　44, 53, 108
語　57, 58, 71, 75, 76
語彙　28, 29, 35, 39, 41, 43, 44, 50, 52, 53, 54, 66, 67, 72, 76, 77, 100, 104, 105, 112, 150, 155, 157
項　84, 88

講演会・セミナー　140
口話法　11, 33, 34, 38, 49, 50
語形変化　38, 57, 85, 86, 89, 90, 101, 155
語源　30, 72, 85
語順　15, 34, 39, 57, 77, 90, 91, 92, 101
骨伝導　168, 169
混合言語　32, 34, 37, 41

◆さ

恣意性　29, 45, 46, 47, 82
恣意的　29, 47
ジェスチャー　9, 74, 182
支援機器　158, 159, 164, 168, 169, 170, 171, 172, 173
視覚情報　21
時間線　89
辞書形　71, 72, 86
自然言語　36, 39, 40, 52, 53, 155
実態調査　25, 117, 118, 136, 145, 183
司法場面　139
シムコム　36, 40, 41, 84
弱形　103, 105
借入　32, 35, 39, 42, 52
借用　40, 44, 72, 85
周辺視　151
手型　63, 64, 66, 67, 69, 70, 71, 72, 74, 75, 78, 79, 81, 82, 85, 152
手話アニメーション　67, 152, 155, 156
手話学　9, 17, 22, 23, 24, 34, 35, 36, 37, 49, 57, 58, 72, 75, 76, 79, 82, 96, 106, 107, 109, 110, 112, 115, 116, 147, 171, 179
手話技能検定試験　105, 106, 110, 114, 116
手話教育　16, 24, 31, 34, 67, 74, 96, 97, 99, 100, 101, 102, 103, 105
手話空間　67
手話工学　146, 147, 152, 157

手話サークル 117
手話辞典 30, 40, 43, 53, 59, 76, 77, 79, 107, 108, 113, 117, 172
手話通訳 17 ,26, 36, 38, 41, 96, 97, 102, 103, 104, 106, 107, 109, 110, 117, 118, 119, 123, 124, 125, 126, 127, 128, 129, 130, 131, 132, 133, 134, 135, 136, 137, 138, 139, 140, 141, 142, 144, 165, 179, 182, 183
手話通訳士試験 106, 110, 123, 124, 125, 126, 127, 132, 135
手話通訳士の数 132
手話の表記法 59
手話の変種 11
手話奉仕員派遣事業 118
手話奉仕員養成事業 117, 130
障害者自立支援法 128
障害者に関する権利条約 128
職業場面 136
触(読)手話 142, 143
人工言語 39, 40
心的過程 22
スケール 83, 84
ストーキー法 59, 62, 63
接近手話 142
全国手話通訳問題研究会 131, 139
相 88, 89
装着 14, 153, 154, 155

◆た

対称調整 67
逐次 36, 75, 79
中間型手話 38, 39, 40
中間言語 44, 100, 101
中心化 72
中心視 151

中途失聴者 11, 21, 22, 23, 25, 34, 37, 42, 108, 109, 135, 160, 177, 178, 180
聴覚障害教育 11, 13
聴覚障害者 11, 14, 15, 16, 17, 18, 20, 21, 22, 23, 24, 25, 26, 27, 28, 37, 38, 41, 42, 43, 44, 49, 104, 107, 108, 109, 114, 117, 118, 123, 124, 125, 127, 128, 131, 132, 134, 135, 136, 137, 138, 139, 140, 141, 142, 144, 146, 147, 158, 159, 161, 162, 164, 165, 166, 169, 171, 172, 173, 177, 178, 179, 180
直接法 97
通訳 16
データベース 67
伝音性難聴 13, 18 ,23
伝統的手話 38, 39, 44
電話リレーサービス 164
同化 42, 54, 55, 71, 80, 81, 99, 100
同化主義 54, 55, 100
同側 66, 69
統語論 58, 74, 84, 89, 90, 91, 147
同時性 74, 79
同時法 15, 37, 38, 39, 40, 53
同時法的手話 37, 38, 40, 53
透明的 46
特別支援教育 17, 18, 19
栃木県立聾学校 38

◆な

ナチュラル・アプローチ 97, 98
難聴者 11, 23, 24, 32, 37, 41, 44, 54, 104, 108, 109, 160, 168, 177, 178, 180, 182
二重分節 57
日本語学 57
日本語対応手話 9, 15, 25, 36, 38, 40, 41, 42, 43, 44, 98, 101, 107, 108, 114

索引　187

認識　9, 13, 14, 17, 23, 39, 40, 43, 44, 49, 51, 52, 54, 62, 67, 79, 80, 84, 102, 104, 118, 133, 148, 152, 154, 155, 157, 158, 161, 172, 180
ノンバーバル　146

◆は

バイリンガル　15, 17, 34, 36, 54, 100, 101
派生　33, 86
話しことば　11, 12, 13, 14, 15, 16, 17, 37, 98, 102
話し手　12, 13, 87, 140
非手指信号　64, 72, 90, 91, 147, 151, 154, 155, 157, 172
ピジン　32, 34, 35, 36, 37, 38, 39, 40, 41, 42, 43, 44, 53, 54, 90, 98
非装着　153, 154
筆談　134, 169, 170
複合語　42, 71, 72, 74, 85
複合主義　55
複文　91, 93, 105
古河太四郎　31
ブローカ野　148
文化複合社会　182
分節　57, 72, 75, 76
併用　17, 36, 37, 40
方向動詞　87
ホームサイン　31, 129
母語　11, 22, 23, 24, 25, 32, 34, 37, 39, 40, 41, 43, 44, 49, 53, 54, 62, 99, 100, 101, 103, 148, 149, 149, 150, 151, 152, 172, 177, 178, 179, 183
保護者会　138, 141
母語話者　53, 54, 62, 100, 101, 103, 149, 150, 151, 178, 179, 183
保存手話　113, 114

補聴器　13, 14, 18, 23, 27, 168, 169
翻訳システム　148, 152, 153, 154, 155

◆ま

身振り　9, 10, 29, 44, 45, 48, 57, 82, 96, 129
ミラノ会議　50
無標手型　67, 70, 71
目で聴くテレビ　160
盲ろう者　142, 143, 144
モダリティ　146, 148, 150

◆や

優位調整　70, 71
有契性　29, 45, 46, 47, 48, 50
指点字　142, 143
指文字　14, 15, 30, 31, 38, 42, 43, 50, 51, 59, 67, 71, 72, 79, 85, 108, 109, 110, 111, 112, 113, 116, 134, 140
要約筆記　22, 160, 161, 162
読み取り通訳　140

◆ら

ろう教育　13, 14, 15, 17, 33, 38, 42, 49, 50, 51, 54
ろう者　9, 11, 17, 18, 22, 23, 24, 25, 28, 30, 31, 32, 33, 34, 35, 36, 37, 38, 39, 40, 41, 43, 44, 48, 49, 51, 52, 53, 54, 55, 72, 74, 96, 97, 98, 99, 100, 101, 102, 104, 108, 109, 113, 116, 135, 142, 143, 144, 148, 149, 151, 177, 178, 180, 181, 182, 183
ろう（聾）者の人口　24, 178
ろう文化　9, 21, 23, 24, 36, 51, 55, 97, 108, 177, 180, 181, 182, 183
ろう文化宣言　36, 177, 181, 182
ロチェスター法　38

◆わ

和製英語 42, 43, 51
わたしたちの手話 53, 107

わたり 74, 78, 102, 103, 154
話法 11, 33, 34, 38, 49, 50, 83

編 者

神田 和幸（かんだ かずゆき）　中京大学国際教養学部教授

執筆者〈執筆順, （ ）内は執筆担当箇所〉

神田 和幸（かんだ かずゆき）（第1章・第2章・第3章1・第6章）中京大学国際教養学部教授
原　大介（はら だいすけ）（第2章）愛知医科大学看護学部教授
谷　千春（たに ちはる）（第3章2・第4章2）NPO手話技能検定協会理事長
植村 英晴（うえむら ひではる）（第4章1）日本社会事業大学教授
長嶋 祐二（ながしま ゆうじ）（第5章1）工学院大学情報学部教授
木村　勉（きむら つとむ）（第5章2）豊田工業高等専門学校情報工学科講師

◎本文イラスト──神田 佳依（かんだ かえ）

基礎から学ぶ手話学

2009年7月25日　初版第1刷発行
2010月7月5日　初版第2刷発行

編著者　神田　和幸
発行者　石井　昭男
発行所　福村出版株式会社
〒113-0034　東京都文京区湯島2-14-11
電話　03-5812-9702
印刷／製本　シナノ印刷株式会社

©Kazuyuki Kanda 2009
Printed in Japan
ISBN978-4-571-12106-7
定価はカバーに表示してあります。

福村出版◆好評図書

中野善達・伊東雋祐 著
新 手話を学ぼう 短文篇
◎1,200円　ISBN978-4-571-12079-4　C1037

日常生活での具体的な会話文を主体に構成し、手話の形を簡潔な絵で示し、わかりやすい文章で解説する。

中野善達・伊東雋祐 著
新 手話を学ぼう 生活篇
◎1,000円　ISBN978-4-571-12080-0　C1037

教育、くらしを中心に、抽象的表現を表す手話を収録する。見やすいイラストに手の動きを平易に解説する。

中野善達・伊東雋祐 著
新 手話を学ぼう 社会篇
◎1,200円　ISBN978-4-571-12081-7　C1037

医療、スポーツ、経済に関する手話を収録し、慣用句の手話表現や長い文の手話表現についても解説する。

藤野信行 著／長野雅男 手話助言／東樹美智子 絵
手話で歌おう PART 2
●手あそびの世界
◎1,600円　ISBN978-4-571-12077-0　C1037

子どもたちの好きな曲をわかりやすい手話で表現。幼稚園や保育所のお遊戯に手話を取り入れてみてください。

土谷道子 著
しっかり学べるアメリカ手話（ASL）
◎1,800円　ISBN978-4-571-12109-8　C1037

20の生活場面の会話からアメリカ手話を文法に沿って体系的に学べる待望の入門書。関連単語も多数収録。

神田和幸 著
手話の言語的特性に関する研究
●手話電子化辞書のアーキテクチャ
◎7,500円　ISBN978-4-571-12111-1　C3037

手話の文法構造などの言語学的研究成果を詳説。工学的応用として手話電子化辞書のアーキテクチャ等を示す。

J. ライクリー 他 編著／望月 昭 他 監訳
ビギニング・コミュニケーターのためのAAC活用事例集
●機能分析から始める重い障害のある子どものコミュニケーション指導
◎6,800円　ISBN978-4-571-12104-3　C3037

重い障害のある子ども（ビギニング・コミュニケーター）の対話指導の基本論理とAAC実践研究事例を網羅。

◎価格は本体価格です。